老公怎麼還不去死

家事育兒全放棄還要人服侍?!
來自絕望妻子們的深層怒吼

小林美希 著
陳姵君 譯

序言

２０１５年６月25日，東京地方法院對一起傷害致死案件做出判決。這是發生於２０１４年，時年70歲的女性將丈夫（79歲）毆打致死的事件。據２０１５年６月26日的朝日新聞報導，這名女性約於50年前，在20歲時嫁給任職於大型銀行的丈夫。她在36年前得知丈夫出軌，但彼此並未把話說開，就這樣一年過一年。最近夫妻倆有時會閒聊往事，丈夫以為那段婚外情已過了時效，鉅細靡遺地訴說了對外遇對象所付出的感情、兩人去了哪裡旅行、送了什麼禮物給對方等。在這名丈夫動了胃癌手術需要全天候照護時，36年前的記憶倏地一一浮現在妻子的腦海裡。某天，這名妻子突然失去理智對丈夫暴力相向，將其活活打死。

２０１２年２月24日的每日新聞晚報專欄「憂樂帳」，刊登了一則標題為〈以關鍵字

「老公」進行搜尋〉的文章。內容提到，透過網路搜尋引擎輸入「老公」這個關鍵字時，最先出現的預測查詢字串是「去死」，因而在網路上引爆熱議。另一方面，輸入「老婆」時則是顯示「禮物」等正面溫馨的詞彙，可謂形成強烈對比。該篇專欄在最後提醒丈夫們，應拋開「我們家才不會這樣」這種毫無根據的自信，用心與妻子維持良好關係，否則終有一天可能會面臨被搜尋「去死」的命運。

其實筆者在閱讀這篇專欄時並沒有太深的感觸，但根據自己長年在就業和育兒問題方面的取材經驗，當受訪對象在訪談過程中打開心房願意閒聊時，原本嫻靜地稱呼另一半為「我先生」、「我老公」的女性，會轉而露出憤恨的表情，直呼伴侶為「那傢伙」。而且，雖然每個人的迫切程度有所不同，但全員皆異口同聲地表示曾浮現「老公怎麼不死了算了」的念頭，令我重新體會到事情的嚴重性。

接著便聽聞了開頭所述的事件。妻子殺害丈夫、施加暴行的新聞在最近也時有所聞。實際殺害丈夫與詛咒丈夫「去死」當然不能混為一談。話雖如此，究竟是什麼將妻子們逼到不得不如是想的地步呢？若能拆解箇中原因，或許就能找出可供世間所有夫妻借鏡省思的共通問題。

因此筆者才會決定再次訪問在過去取材中所結識的太太們，傾聽她們的心聲。

＊

希望丈夫快點死掉——。

這句話聽在夫妻感情深厚，真心愛著丈夫的妻子、因丈夫生病而為其祈求延年益壽、或因丈夫撒手人寰而悲痛欲絕的妻子耳裡，肯定覺得難以置信。

相信應該也會有人提出反駁，與其抱持著這種想法，倒不如離婚算了。然而，這些女性即使想離婚，也有無法付諸實行的苦衷。在這當中，筆者切身感受到，會有「只要老公一死，問題就能解決」這樣想法的人，絕非特殊罕見的個案。勞資問題的支線情節成為探討這項議題的開端，妻子「希望老公去死」的理由，其實也是反映社會問題的主線故事。

雖說時代已改變，但如同以象徵喜氣洋洋的「壽退社」一詞來形容女性結婚離職般，日本在高度經濟成長期的勞動環境與社會保障制度，依然一路延續至今。當中所產生的各種弊害，大多集中顯現於夫妻關係的問題上。

本書第一章至第三章，以妻子視角深度探討丈夫的哪些言行令其感到無比憤慨。行文風格與文章氛圍皆與筆者以往的著作略有不同，盡可能以貼近當事人所說的話與心境的形式來為讀者們做介紹。

不顧懷孕中的妻子，一如既往地外出飲酒聚餐、從不肯幫寶寶換尿布、願意送小孩去幼兒園上課，但不願調整加班時間去接小孩回來——丈夫令妻子發火的行為，根本數也數不完。就男性的觀點來看或許會覺得「咦？這有什麼好氣的？」然而，會讓妻子萌生殺機的情況，其實潛藏於日常生活中的各種場景裡。若長年置之不理，來到屆齡退休的年紀後，妻子那令人背脊發涼的怨念，將化為復仇行動向丈夫反撲。

第四章則從男性立場指出各種勞動環境問題，導致其無法做到符合妻子期望的家事或育兒表現。第五章也會為丈夫們提供相關建議，該怎麼做才能避免被妻子詛咒去死。

拿起本書閱讀的夫妻或未婚夫妻，「你們家真的沒問題嗎?!」

老公怎麼還不去死　目次

序言　3

第一章　名為育兒的試煉！當愛轉為殺機　13

第一話　育嬰假陷阱——38歲．上班族　14
從「戰場」逃跑的丈夫／雙薪家庭已成主流的時代／從幸福美滿演變為「產後危機」／婚禮前夕的爭執／丈夫在太太懷孕期間仍無所顧忌地聚餐喝酒／明明有丈夫陪產，感覺卻像孤軍奮戰／拒絕娘家幫忙的丈夫／妻子請育嬰假卻助長了「性別角色」／育兒是一種「服務」？／送托育機構的基本就是「接小孩」／購屋所帶來的轉機

第二話　處處惹人嫌的丈夫——41歲．系統工程師　42
心目中的理想為只有孩子的生活／憑著一股衝動與媳美「低油耗」的男人結婚／丈夫是「辦事不力的下屬」／懷孕期間仍得處理繁重業務／不要隨便碰我的孩子／愈發獨立自強的妻子／「形同虛設」的丈夫

第三話　客廳即是萌生殺機的所在——45歲．上班族　55
令人起殺心的丈夫腳步聲／妻子變忙碌時夫妻感情就會變調／動不動就對兒子發火

的丈夫／為了孩子而離婚？／丈夫只是個同居人

第二章　「結婚離職」等於打開通往地獄之門！全職主婦充滿怨念的日常　65

第一話　職涯被迫中斷的妻子心頭之恨——46歲・東證一部上市企業管理職　67
職業婦女的苦惱／年薪銳減，只有原本的3分之1／媽咪跑道（Mommy Track）的陷阱／家事是女人家的事？／成為寡婦反倒好／被迫做決斷的永遠都是母親

第二話　始於女兒生病的婚姻危機——46歲・兼職人員　82
與其說是丈夫，倒不如說是胎兒的生父／形單影隻地照顧病重的女兒／不知自己已被徹底冷落的丈夫／兼職工作成為心靈救贖

第三話　好高騖遠的丈夫與永無止境的家庭戰爭——39歲・主婦　91
宛如地獄的每一天於焉展開／丈夫的暴走行徑愈發不可收拾／丈夫是亞斯伯格症？／失控行為與虐待孩子無異／錯就錯在隨便找個對象結婚？

第四話　名為兩代同堂住宅的牢籠——34歲・主婦　102
「是妳自願成為主婦的耶！」／你們可不可以行行好結伴一起離開人世啊

第五話　貴婦面具下的真相——39歲・主婦　106
與社會菁英結婚而辭去工作／以名牌掩飾自身的悲慘

第六話　想要孩子的妻子與不想要的丈夫——47歲・主婦／35歲・正職員工　111
不肯給予協助的丈夫／生活不虞匱乏卻感到無比空虛／愛鬧彆扭，依賴心重的丈夫／丈夫揚言「要當全職主夫」……

第三章　不要老公也罷！恨入骨髓的嬰兒潮世代妻子　119

第一話　社團寡婦的悲嘆——40世代・教師　120
每天的生活都以社團為中心／這樣的生活叫人如何過得下去！／請育嬰假是女人的義務？／關鍵時刻完全派不上用場的丈夫／育兒中的女性總被認為無法成為戰力／一直未受到正視的教師過勞問題／暴露在過勞死風險中的教師們／韓流是「不花錢的外遇」

第二話　與第二喜歡的人結婚——58歲・護理師　131
40歲的分歧點／受不了丈夫的老人味／「女人就應該在家相夫教子」的觀念之爭／嬰兒潮世代太太所精心設計的陷阱

第三話 某昭和人妻的結縭40年復仇記——70歲・主婦 141
典型的傳統婚姻／每天聚餐喝酒的丈夫與省吃儉用的妻子／外遇的徵兆／屆齡退休打開了潘朵拉的盒子／年金對分也不夠支付生活費／未報仇前絕不早一步離開人世

第四話 嬰兒潮世代妻子的憂鬱——68歲・主婦 152
丈夫永遠端著「長男」的架子／如果妳的薪水跟我一樣多，我就做家事／嬰兒潮世代的男性真沒用／落花難上枝

第五話 「吃軟飯」老公的人生末路——65歲・美髮師 160
以為穩重可靠的年長老公真面目／這輩子絕不會忘記的一句話／一筆一筆都要討回來／「去死啦，混帳東西」的念頭出現不下數百回／深怕被拋棄會活不下去的丈夫／長年相伴之情

第四章 這才是丈夫的生存之道？「奶爸」們的現實與理想 173
「老實說，真的很艱辛」男性非正職員工的育兒路／無力再多分擔家事與育兒任務／別仗著短短2週就自以為了不起！／新好奶爸員工是企業的活招牌？／也會發生「職場爸爸育兒歧視」／不利於找工作的奶爸心願／「有意願」也「辦不到」的現狀／這種心態太天真！／理想的丈夫會如何付出／樂於成為「男歐巴桑」／令自己

感到快樂的育兒方式

第五章　比離婚還划算?!所以妻子才會盼望丈夫離世　199

名為離婚的選項／擺脫經濟暴力／遺屬年金能領多少？／建構讓女性有辦法獨力養育孩子的社會環境／與債台高築的丈夫離婚／幼兒園亦無法全面提供協助的現實／一波三折的離婚調解／家庭生活費用與財產分配／有辦法長期照護已經不愛的丈夫嗎？／男女大不同的結婚觀與無性生活／強制夫妻同姓為婚姻路埋下陰影／夫婦同姓制度會永遠維持下去？／避免淪落到「被妻子詛咒去死」的唯一方法／婚姻究竟為何物

後記　234

第一章

名為育兒的試煉！當愛轉為殺機

第一話　育嬰假陷阱——38歲・上班族

從「戰場」逃跑的丈夫

「你到底在搞什麼啊?!別鬧了，去死啦!!」

上午7點半，東京都內的某公寓，一位太太在形同戰場的客廳對著先生發出怒吼。

出門上班前的七瀨美幸小姐（化名，38歲），頂著一頭亂髮忙著餵3歲兒子與1歲女兒吃早餐，心急地盤算著得快點幫孩子換完衣服才行。因為必須在8點前出門，否則趕不上幼兒園的上課時間。或者應該說，上班會遲到。看向時鐘，時間正一分一秒地流逝，偏偏兒子專挑這種時候鬧脾氣，吵著「我不想吃啦~」自顧自地玩了起來。可是，總不能讓孩子空腹去上學。

美幸重整情緒，扮起慈母安撫道：「不必全都吃完沒關係，吃一點點就好了」，並以略顯誇張的溫柔口吻催促「來，啊——」兒子才終於吃了一兩口。「哇——你好棒喔——！」每吃一口就猛誇個不停。

好，總之，有吃就好。接下來要換衣服！

3歲的兒子已經會自己換衣服，但毫無動手的意願。這就算了，美幸要幫他換，他卻一個轉身敏捷地逃開。以為孩子跑得老遠，結果卻是躲在窗簾後嘻笑胡鬧。這種時候天真可愛的孩子看起來也好似惡魔，令人忍不住太陽穴爆青筋💢。

——可是，不能抓狂。若此時發飆惹哭孩子反而會更花時間。

暫且忍耐。

「我們快點把衣服換起來。」一邊追著兒子跑，好不容易才換下睡衣，整裝完畢。接下來輪到妹妹……。終於幫女兒穿戴整齊，但兒子卻在此時直嚷著要大便，接著女兒打翻了裝著牛奶的杯子，衣服與地板瞬間變得溼答答。

「啊啊~吼！」

與此同時，丈夫竟遁逃到廚房避風頭，無視眼前這個亂七八糟的情況，默默洗著盤子，泡起了自己要喝的咖啡。

目睹此景的當下，美幸內心萌生了殺夫的念頭。

——蛤?!幹嘛非得現在洗碗啊，混蛋——。你就在旁邊，難道不清楚狀況嗎？完全亂成一團耶。再說，現在泡咖啡是在泡什麼意思的啊？吼~！快點幫忙收拾殘局啦!!

畢竟是在孩子面前，美幸暫且將這些怨言吞下。丈夫從單身時期就是個茶控。無論是紅茶綠茶還是各種茶，都會以最適合該茶葉的水溫來沖泡，甚至講究到用計時器確實算準沖泡時間。在孩子尚未出世前，他會在工作空檔為美幸沖泡美味茶飲，但「現在孩子都出生了，可無法如此悠哉啊」美幸往往對此感到不耐煩。不知老公究竟是未察覺美幸的情緒，抑或佯裝不知，總之就是待在廚房不出來。應該先帶兒子上大號，還是先處理女兒打翻的牛奶呢……。

「把拔！你來一下！」出聲呼喚也只得到「等我一下下～」的溫吞回應。

聞言，美幸的理智線在霎時間斷裂。這天再也按捺不住蒸騰的怒氣，脫口說出本章開頭那句「別鬧了，去死啦!!」這句話。話一出口的當下，她感受到原本累積在心頭的某些東西似乎跟著脫落。美幸已經不覺得自己還愛著老公，甚至認為會這樣想是很正常的。孩子們則因為媽媽變成母夜叉而驚呆在原地。

雙薪家庭已成主流的時代

美幸與筆者為同世代，在採訪過程中，突然想起某個廣告而聊了開來。

♪衣櫥放貢、衣櫥放貢。老公健康不在家最好。

記得這是在我們孩提時代所播放的電視廣告。令人深感當時的日本夫妻關係看起來相當平和。

「盼丈夫不在家根本是小兒科，如今我已變成希望丈夫死掉的妻子」美幸苦笑道。

「衣櫥放貢」是KINCHO（大日本除蟲菊株式會社）最具代表性的衣物防蟲劑。1986年，這支廣告以高度成長期的一般上班族和全職主婦所組成的家庭為設定，並因為中年太太們在社區組織的活動上唱著「老公健康不在家最好」的逗趣橋段而大為流行。

美幸本身亦是在雙親為上班族與全職主婦這種典型戰後嬰兒潮世代家庭長大的。而她也一直夢想著有朝一日結婚、生子。與母親不同的是，她在婚後仍任職於廣告公司，並將這份工作視為天職，同時還肩負著育兒重任。

事實上，在衣櫥放貢廣告走紅的時期，妻子為全職主婦的家庭占多數。一起來看一下「夫為受僱者與妻為無業者所組成的家庭」（以下簡稱單薪家庭）與「夫妻兩人皆為受僱者家庭」（以下簡稱雙薪家庭）的演變。根據日本總務省「勞動力調查」（2001年以前為「勞動力特別調查」）統計，1980年的單薪家庭數為1114萬，對比雙薪家庭的614萬，將近2倍之多，進入90年代後兩者總數不相上下，1997年則完全逆轉。在這之後，雙薪家庭持續增加，2014年單薪家庭數為720萬，雙薪家庭為1077萬，彼此的地位互換。可以說，夫妻雙方皆有工作已是再普遍不過的社會型態（圖1-1）。

近年來出現一股社會風氣，認為迫使女性不得不工作的原因在於「經濟方面」的困頓，各種實際調查亦顯示出夫妻雙方皆有工作是基於經濟考量的緣故。在男性就業情況並不穩定的今日，這或許可說是大環境使然。然而，日本憲法所規定的人民三大義務為「教育」、「勞動」、「納稅」，而且應該是不分男女的。照理說，女性在懷孕生產育兒期間持續工作是再普通不過的一件事，但若家有幼兒的女性選擇工作並非出於經濟不穩定的理由，而是因為「喜歡工作」，往往就會被視為「自私任性的女人（母親）」。

然而，自1986年男女僱用機會均等法公布施行已過30年的現在，有愈來愈多的女性期盼能積極自主地選擇繼續工作。連合（日本勞動公會總連合會）所進行的「第3回 懷孕歧視相關意識調查」（2015年8月）中，在「女性工作與育兒」方面，回答「如果可以的話，希望能工作與育兒並進」所占的比率過半數，達到51．4％，大幅領先「因為經濟狀況而不得不兼顧工作與育兒」（36．9％）的回答。由此可知，對目前有計畫生養孩子的世代而言，持續就業乃理所當然的觀念，另一方面，後續將會詳述，考量到有6到7成的女性因生下第一胎而辭去工作，處於待業狀態的現況，便能合理推估潛在的雙薪家庭總數比表面的數字還要多。

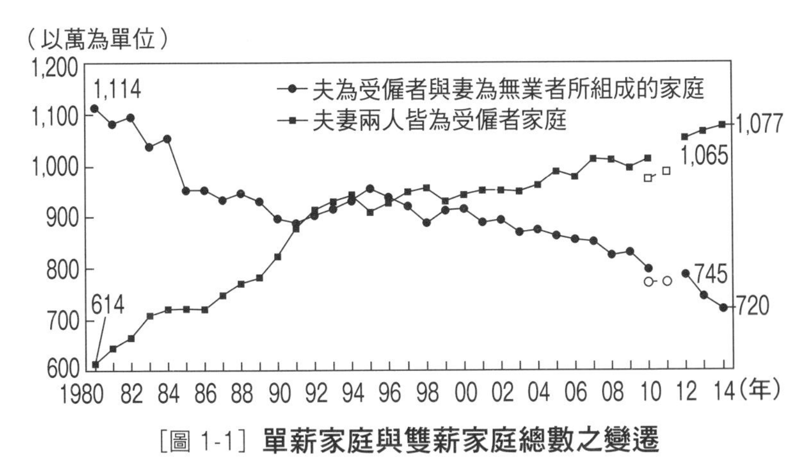

［圖 1-1］**單薪家庭與雙薪家庭總數之變遷**

※2010年與2011年的數值為扣除岩手縣、宮城縣以及福島縣的日本全國統計結果。
出處：內閣府「男女共同參與白皮書 平成27年（2015年）版」

因此，包括美幸在內，現正忙於育兒的世代，所面臨的社會情勢與自身小時候父母所處的情況截然不同，而這也對現代家庭帶來極大的影響。尤其，許多女性的父母並不了解女人在持續工作的情況下經歷懷孕、生產、育兒的過程，因而領受到有別於「衣櫥放貢」這種古樸美好（？）時代的震撼教育，並感到困惑與煩心也說不定。

從幸福美滿演變為「產後危機」

言歸正傳。

在美幸懷孕期間，丈夫會一臉喜悅地對著日漸隆起的孕肚喊話「寶寶快點出來呀」，夫妻倆沉浸在幸福裡。丈夫總說「別提重物」，連一只超市購物袋都不讓美幸拿、怕走樓梯會

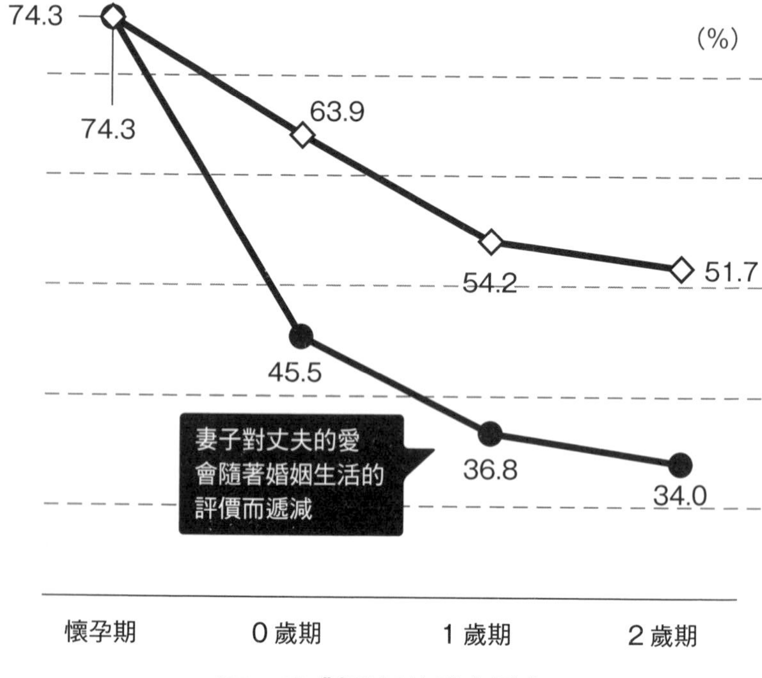

［圖 1-2］**對配偶的愛意變化**

出處：倍樂生次世代育成研究所「第1回 懷孕生產育兒基本調查・追蹤調查（懷孕期～2歲期」速報版）

有跌倒的危險，總是找電梯讓美幸搭乘、處處秉持著女士優先的態度，會幫忙開門等美幸通過、只要道路有些微高低落差便會牽起美幸的手當護花使者。

——哎，那時真的可說是幸福洋溢呀。

如此溫柔體貼的丈夫曾幾何時已消失得無影無蹤。

為何如今美幸看到他只會浮現「混蛋，去死啦，爛人！」的念頭呢？壞就壞在丈夫未察覺到妻子產後如同怨念般不斷累積的負面情緒。美幸雖不斷提醒，也再三提出警告，但丈夫依然如故，言行不見任何改變。

有份調查呈現出宛如呼應美幸心境變化般的結果。倍樂生次世代育成研究所，以300對夫妻為對象所進行的「第1回懷孕生產育兒基本調查・追蹤調查」（2006～2009年縱貫研究）中，「第一胎出生後的夫妻感情變化」所顯示的數據即是最好的佐證（圖1－2）。

這份調查指出，「與配偶在一起時，能確實感受到自己真的愛著對方」的比率，在懷孕期間夫妻雙方皆為74・3％，但生產後妻子的愛意會急遽變低，在孩子未滿1歲的時期，相較於丈夫的63・9％妻子只有45・5％、在孩子1歲的時期，丈夫為54・2％，妻子為36・8％，在孩子2歲的時期，丈夫的愛意下滑度不高，仍有51・7％，但妻子卻下探至34％。這就是被稱為「產後危機」的現象。

筆者認為，懷孕期間的74・3％這個數值究竟算不算高，也有必要進行檢驗。換言之，這個數據即代表，每4名孕婦中就有1名認為自己「並非真正愛著配偶」。

本單元的主人公美幸，現在回過頭來看，深深覺得其實自己從結婚開始，便已出現盼丈夫日後一命歸西的前兆。

美幸雖任職於忙到在公司過夜是家常便飯的業界，但在單身時期對愛情的態度相當積極，總會擠出時間參加聯誼，也談過轟轟烈烈的戀愛。某天，在拜訪客戶時偶然與初戀男友再次搭上線。彼此都認為這是「命中注定的重逢」而天雷勾動地火，並認真考慮結婚。展開半同居生活後，男友會做飯等待因工作晚歸的美幸。難得的假日美幸卻因為過於疲累而睡到中午時，男友還會貼心地洗衣做家事。但這份幸福並沒有持續多久，生活步調的不一致令男方提出分手。他對熱愛工作的美幸表示「我並不反對妳現在的工作，但婚後希望妳能以家庭為重，兼職就好」。這段戀情告吹令美幸承受相當大的打擊。當時她28歲。

受到戰後嬰兒潮世代的雙親影響，得在30歲前結婚、生子的想法深植於美幸心中，無法從此觀念中跳脫。一想到「就算現在開始找對象談戀愛，也不可能有辦法在30歲前結婚吧」，就令她感到灰心而呈現半放棄狀態，決定將重心放在工作上。然而就在此時，比美幸大9歲的同公司前輩因為一句「妳的工作表現總是這麼亮眼呢」而跟美幸愈走愈近。兩人會在工作結束後的深夜零點結伴喝酒，熱烈地聊著工作方面的事，接著自然而然地發展成戀愛關係。無論是義務加班或六日出勤，只要想到對方也在工作，美幸便覺得樂在其中，隨後在29歲這一年順利趕上結婚末班車。

然而，提出結婚登記申請書時，卻發生了一個問題。

婚禮前夕的爭執

「我跟老公相差很多歲，再加上父母跟身邊親友潛移默化的影響，一直以來都覺得自己在婚後從夫姓是再理所當然不過的事，可是真正要填結婚登記申請書時，才發覺這有多不合理，為何是我必須配合改姓？」美幸至今仍舊顯得很不服氣。

原本應該是在無比幸福的氛圍下簽名蓋章的結婚登記申請書，此時雙方卻彷彿被冰封於北極圈般，空氣凍結。

「欸，為什麼我得改姓啊？我不想改，你來改啦。」美幸直率地提出這項疑問，丈夫則回答：

「蛤？本來就是女人要改姓啊。難道妳要我入贅嗎？那該怎麼跟我爸媽交代啊？」

美幸聞言後只覺得錯愕。

「蛤什麼蛤啊，什麼叫做本來就是女人要改？再說我根本也沒要求你入贅呀。」

雙方對此爭執不下，而明天就要舉行婚禮。

美幸在心中咕噥「搞什麼啊，早知道這男人這麼小家子氣的話，我才不會答應嫁給他咧」，但事到如今已逃不掉。只得妥協「算了，反正已完成在30歲前結婚的目標，日後隨便找個理由離婚便是，這樣就能恢復原本的姓氏」。

美幸的夫婿除了姓氏這件事以外，與美幸之間並未存在著太大的意見分歧，整體而言是位個性溫和，能理解與體諒美幸工作的丈夫。美幸在公司雖被要求將薪轉帳戶變更為與戶籍姓名一致的名稱，但除此之外在職場上依然可以使用「通稱」，亦即能沿用原本的姓氏。所以美幸也覺得「總之就先這樣吧」度過了平穩舒心的新婚生活。

丈夫在太太懷孕期間仍無所顧忌地聚餐喝酒

美幸將來雖有生小孩的打算，但三天兩頭地加班趕搭最後一班電車回家，實在沒有餘裕。她回憶道，更重要的是，「當時心想反正很快就會跟老公分開，為了方便離婚，先避孕2年再說。」經過2年後，美幸確信不必鬧離婚，能與先生繼續走下去，便前往婦產科診所求診，並購買市售的排卵試紙推算排卵日，積極地做人。

也就是進行所謂的「妊活（為懷孕與生產所做的各種準備）」。根據明治安田生命福祉研究所於2013年所進行的調查，20～30世代的女性中，有8成的已婚者與6成的未婚者曾有過經積極備孕的經驗（「第7回 結婚・生產相關調查」）。

後來，美幸終於在34歲時懷孕。雖然每天都能感受到即將為人母的喜悅，另一方面卻漸漸對老公心生怨恨。

一得知懷有身孕後，美幸便推掉所有的聚餐邀約，也盡可能避免與客戶吃飯應酬。有時難免遇到不得不參加的情況，但在懷孕初期，有些對象不見得能讓自己坦白告知懷孕這種私事，被勸酒時只好佯稱「好像感冒了，身體不太舒服」予以婉拒。這些歐吉桑們與熱愛杯中物者，渾然不察美幸身懷六甲，總愛嚷嚷「喝下去用酒精消毒就對啦」，這下若要再推拒便會顯得不自然，令美幸好生為難。對於以往總是豪爽地享受飲酒樂趣的美幸而言，要忍住不喝實在痛苦，但為了胎兒也只能忍耐。原本上班都穿短裙搭高跟鞋，因考量到「不能讓身體受寒」而改穿長褲套裝與低跟鞋。

為了孩子美幸在各方面皆相當用心，但丈夫卻毫無顧忌持續聚餐喝酒，往往凌晨才回到家。每當感受到湧上心頭的怒意，美幸就會愈想愈生氣，接著火冒三丈一發不可收拾。

「我想去但不能去，你怎麼可以只顧著自己喝得開心啊！」

每當美幸感到氣悶而導致夫妻吵架時，丈夫一定會搬出這句話：

「我們同公司妳應該很清楚，這也是工作的一部分，我有什麼辦法。不去聚餐的話，那我被降職妳能接受嗎？」

孩子就要出世，若真被降職減薪實在不妙。美幸只能在心中不停暗罵「卑鄙小人」，對丈夫愈發感到憤恨。

進行產檢時也無法完全沉浸在幸福的氣氛裡。因為健保卡登記的是戶籍姓名，也就是丈夫的姓氏。每當被叫到名字時，美幸就會覺得「這又不是我的名字」而感到悶悶不樂。當護理師叫著與美幸原本姓氏同姓的孕婦時，她甚至會誤以為是輪到自己，趕著起身進入診察室。對此美幸曾對丈夫表態「不然我們乾脆當事實上夫妻（指雙方有以發生夫妻身分關係之意思，且對外以夫妻形式經營婚姻共同生活之結合關係）就好」，丈夫則搬出冠冕堂皇的理由來回應「這樣的話，孩子會變非婚生子女，很可憐耶。」

「我們走著瞧，看我生完後怎麼對付你。離婚，我要離婚」美幸暗暗下定決心。

在日本，普遍存在著「要生小孩＝結婚」的觀念，實際上「奉子成婚」的情況也有所增加。另一方面，事實婚亦受到社會所認知，出自堅持夫妻不同姓、認為提出結婚登記申請書毫無意義等理由而選擇事實婚，在地方自治單位完成「未登記夫妻」的認證手續，如同普通夫妻般享有各種權利的個案亦逐漸變多。除了稅制以外，各種社會保險與年金制度皆比照登記婚的情況辦理。事實婚所生的子女雖被歸於非婚生子女，但2013年日本最高法院裁定，民法中非婚生子女應繼分為婚生子女的2分之1這項規定違憲。自2013

年9月5日起，在繼承比例方面，非婚生子女的應繼分與婚生子女相同。

不知法律有所修正的美幸，辯不過丈夫所說的情況，因而無法執意將兩人的婚姻關係改為事實婚。

在美幸因孕吐而什麼都吃不下的時期，丈夫雖然嘴上說著「對不起喔，沒辦法代替妳受罪」，但下一秒就在旁邊大口大口地吃起飯來，這也令她覺得光火。那他倒不如在外面吃一吃，至少不會惹人心煩……。話雖如此，就算自行在外用餐，這位老公也不會順便幫老婆買個便當回來。當美幸嘀咕著「我肚子也很餓好嗎」，丈夫卻說「我以為妳吃不下嘛」。或許真是這樣沒錯，可是好歹也該問一下她有沒有想吃什麼吧。美幸故意嚇唬丈夫「人對食物的怨念是很可怕的喔」，他才慌忙地飛奔出門買飯。

進入懷孕後期，眼見美幸的肚子愈來愈大，丈夫也愈發期待孩子出世，只要一有空就會對著腹中寶寶說話。如同前述般，外出時總會小心呵護大腹便便的美幸，深怕她跌倒有個閃失。兩人相依偎的模樣宛如幸福美滿的模範夫妻，美幸開始覺得「或許真能與他攜手共創幸福家庭」。

然而，這項期待卻在不久後落空。

明明有丈夫陪產，感覺卻像孤軍奮戰

美幸從懷孕前便告訴丈夫，希望他能陪產。由於是第一胎，肯定會痛到死去活來。再說生孩子畢竟是伴隨著風險的。

美幸之所以希望老公陪產是因為覺得，若不讓老公親眼看看生產有多辛苦的話，他一定無法確實體會女性為了生育所付出的犧牲，日後也不會為育兒盡一份力。

然而，當美幸開始陣痛，被推入醫院的分娩室後，丈夫卻顯得驚慌失措。美幸因為難忍劇痛而不由自主地發出宛如野獸般的低吼聲，不知丈夫是否被此景象嚇到，只是小心翼翼地坐在遠處觀看。後來在助產師的引導下，才幫忙來回輕撫著美幸的腰，但美幸因為疼痛絲毫未減而極為煩躁，遂失控地對丈夫喊道「你走開啦」，結果他就真的就這樣走出分娩室。等到胎兒的頭部已出來時，丈夫才姍姍來遲，令美幸覺得自己是「獨自生產」。

產後等著美幸的是無止境的頻繁哺乳。她在生產前壓根沒想到新生兒1天吸奶的次數竟高達10至15次。原本就打算餵母乳，再加上泌乳量也很足夠，因此美幸並未使用配方奶，但新手媽媽實在有太多不懂的地方。之前聽聞餵奶的間隔時間為3小時，但每個人狀況不同，美幸的寶寶大概每隔1小時就會哭，吸奶後便會恢復平靜停止哭泣。即使是深夜也是每隔1、2小時就得餵奶。每天都睏到不行。

餵母乳有許多優點，據悉除了有助於形成親子之間的依附關係外，營養素的吸收率也很高。母乳與配方奶就「營養素」層面來看幾乎相同，但母乳含有配方奶唯一無法仿效的免疫因子，寶寶持續喝母奶超過半年時，就比較不容易生病這點也已獲得證實。而且，一般咸認新生兒在滿6個月大前為腦神經突觸增長高峰期，吸吮乳頭亦有助於下顎的發育與智能的提升，因此美幸很努力地在餵奶時跟寶寶說話互動。

與此同時，正值工作繁忙期的丈夫多半不在家。在產後調養身體以期恢復到產前狀態的這段期間稱為產褥期，也就是俗稱的「坐月子」，一般都說產婦（母親）最好盡量臥床休養生息。在這約莫1個月的時間裡，不做各種家務，只管專心照顧寶寶就好。由此可知生產耗費了多大的體力與精力。若按當初的規劃，丈夫本該請假在家處理家事，現在卻不見人影。自己只能趁著寶寶睡著時跟著補眠，否則根本撐不下去，整個人已幾近神經衰弱的狀態，而且，她總是感到飢腸轆轆。進食量比產前多了2～3倍，體重卻像溜滑梯般一下掉了10公斤。

拒絕娘家幫忙的丈夫

據悉約有1成的女性曾經歷過產後憂鬱，近年來也有研究結果指出，將近2成的男性配偶具有產後憂鬱的傾向。對美幸而言這似乎也是無法等閒視之的問題。

她心想「再這樣下去肯定會產後憂鬱」遂向娘家的母親求救，請其前來同住幫忙。沒想到，原本溫文和善的丈夫卻態度丕變，對著好心伸出援手的岳母再三挑剔，「不要用這個盤子」、「別洗衣服」，甚至抱怨連連，最後竟然還對美幸放話「什麼時候要請妳媽回去？快點請她走啦。」或許是覺得跟岳母相處不自在，丈夫更是完全不願意待在家裡。

「那你是有辦法做家事嗎？能早點回來嗎？」

母親是擔心疲憊不堪的女兒才前來幫忙的，卻被丈夫講得如此不堪，美幸當然沒好氣。甚至還湧現憎惡的情緒。丈夫看到美幸去住家附近的超商買東西時，還蠻不在乎地表示「看來不需要岳母幫忙，妳已經能走動了呀。」美幸在心裡發誓「我總有一天要跟你離婚」。助產師也說，產後若過度操勞，導致月子沒做好將後患無窮，丈夫的漠不關心令美幸覺得「孩子是我生的，請我的父母親來幫忙對我來說才是最好的！你根本不在乎我的死活」。

日本國立社會保障・人口問題研究所（社人研）的「第5回全國家庭動態調查」（2013年實施），針對太太們詢問「產後或育兒遇到問題時的商量對象」（可複選），回答會向「父母親」請求協助所占的比率最高，為46・9％，「丈夫」為37・8％。另一題

「能協助照顧孩子（長期照顧）的對象」，無論是「平日白天」、「第一胎滿1歲為止」、「第一胎滿1歲至3歲期間」、「妻子出門工作時」，皆以「父母親」居冠，占5～6成的比例，「丈夫」僅有20%。若沒有娘家父母親的協助，無論是育兒還是工作，在這個國家根本形同孤立無援。

妻子請育嬰假卻助長了「性別角色」

夫妻倆為了要不要請育嬰假也爭執不下。由於孩子在五月出生，因此美幸預估應該要等到翌年四月才有辦法申請到托兒所。然而，熱愛工作的她在生產前並沒有計畫請1年的育嬰假，打算「最多請半年就要回歸職場」。向丈夫試探其意願「你請個半年或1年的育嬰假如何」，他卻說「會被炒魷魚」、「那我被降職也無所謂嗎？」而堅決不從。

美幸追問，「有個男後輩不是也請了2個月的育嬰假嗎，為什麼你就不能請」，丈夫只是避重就輕地回道「20幾歲跟40幾歲員工的立場不同」。美幸回嘴「你該不會以為女人請育嬰假在家帶孩子是天經地義的事吧」，丈夫反倒大言不慚地表示「那好啊，被降薪也沒關係嘛，妳會負責養我囉？」「如果因為這樣害我被降職，妳要我怎麼辦。」

由於兩人有年齡差距，光就薪水來看的話，丈夫的收入確實比較多。儘管無法釋懷，美幸也只好先將育嬰假請到翌年三月底。

分析１９９６年至２０１４年度的育嬰假申請率會發現，女性由49．1％上升至86．6％，男性只是從０．12％稍微增加至２．３％而已。

背後原因除了所屬職場對於男性請育嬰假的態度不友善外，男女的薪資差距更是一大要因。

查閱日本國稅廳的「民間薪資實態統計調查」（２０１４年度），整體平均薪資為男性５１４萬日圓、女性為２７２萬日圓。以任職年資為區分時，在職滿30～34年的所得最高，男性為７３９萬日圓、女性為４０１萬。然而，男性任職年資滿５～９年時，年薪已有４５６萬日圓，三兩下便能超越女性所得乃日本的現狀。

育嬰假期間所請領的育兒留職停薪津貼，自開始休假的半年間，津貼金額為原本月薪的67％，半年後則為50％（最長可領1年）。由於男性薪水較高，減額幅度大，會對家計造成深刻的影響，也是導致男性難以申請育嬰假的原因之一。

美幸家到最後也是由美幸請育嬰假，而她這段期間的生活儼然就像全職主婦般。看著心肝寶貝每天的成長變化，固然令她感到欣喜，但家中的「性別角色」卻明顯定型。

性別角色指的是因性別而被賦予的規範或行為。在育嬰假期間，原本必須上班工作的妻子生活型態變得跟全職主婦沒兩樣，當丈夫習慣這樣的模式後，日後就算妻子回歸職場，家務與育兒重擔大多還是落在女方身上。

東京都內某幼兒園的70多歲現任園長，根據長年觀察雙薪家庭夫妻的經驗表示：

「在妻子請育嬰假期間，就某種意義而言丈夫其實是比較輕鬆的。徹底習慣這樣的生活後，當妻子重返職場時，丈夫就會對各種劇變感到無所適從。

日本大部分的媽媽會在四月復職。爸爸在四月一整個月也會繃緊神經，努力地接送孩子上下課。直到五月連休為止，夫妻之間的感情意外地還算融洽。然而，當孩子愈來愈習慣幼兒園後，男性就會認為『不用我來帶也沒關係』。

有了孩子時，通常也是男性在社會上站穩腳步，被交付重大任務的時期，因此往往免不了長時間工作。當爸爸開始因為加班、聚餐應酬而經常不在家後，扛下各種負擔的媽媽在六、七月時就會忍不住爆發，繼而演變為夫妻失和『鬧離婚』的狀態。其實，在育嬰假期間，夫妻倆必須決定好彼此的家務分配，以女方日後會回歸職場為前提，在家事與育兒上互相協助。」

育兒是一種「服務」？

彷彿還原重現上述園長所分享的內容般，美幸在恢復體力後，一如既往地包辦了所有家事。丈夫內心對於這種老婆負責煮三餐、早上送老公出門、晚上等老公回來的生活似乎感到很滿意。每到假日就會嚷著「家庭服務」，興高采烈地陪孩子玩或動手做家事，看到丈夫這副模樣就會令美幸覺得，這傢伙是在演哪齣啊，而忍不住想嘖他一聲。

——家庭「服務」是嗎？對這個人來說，或許比較適合娶賢妻良母型的女性……。

此念頭在美幸腦中一閃而過。

話說回來，美幸趁勢利用丈夫所說的「家庭服務」把孩子交給他帶，外出走走透透氣，但不到1小時手機便響起而被叫回去，簡直媲美醫師或護理師隨時待命的「on call」狀態。即使美幸將擠出的母乳冷凍，後續只須加熱用奶瓶餵食即可，丈夫卻還是急忙討救兵「寶寶不肯喝，哭個不停。」習慣親餵的寶寶有時的確會因為排斥奶瓶而不肯喝奶，但美幸之前也曾將擠出的母乳裝入奶瓶內，讓寶寶練習瓶餵，從來沒遇到拒喝的情形。她懷疑應該是丈夫的餵奶方式不佳所導致的，便叫他實際演練一遍看看，只見這位爸爸緊張兮兮地硬將奶嘴頭嘟到寶寶嘴裡。「你嘛幫幫忙！是不會順便說一句『好好喝喔～』或者是『啊～嘴巴張開』嗎？」休息不成，反倒還得從頭指導丈夫如何餵奶。

經過不斷練習後，丈夫總算學會餵寶寶喝奶，但孩子被他抱過手後很常哭個不停。因此，每當美幸打算獨自外出時，丈夫就會沒出息地先發制人「寶寶會一直哭，我顧不來」，接著泫然欲泣地表示「妳一起帶出門啦。」喂喂喂，這到底是誰的孩子啊？

「吼～～唉，算了……」

即便丈夫假日在家，美幸仍舊得背帶不離身地整天與寶寶綁在一起。

送托育機構的基本就是「接小孩」

大概在孩子6個月大開始吃副食品時，美幸對丈夫感到火大不耐煩，以及巴不得宰了他的次數也逐漸增加。幼兒往往對父母親餐盤內的菜色很有興趣，躍躍欲試。因此美幸總是吃著接近副食品口味的清淡料理。全家人坐在同一張餐桌吃飯，寶寶當然也會對爸爸的餐點出手，但美幸的丈夫根本沒在管這些，吃拿坡里義大利麵或焗烤時配塔巴斯科辣椒醬、吃義式培根蛋黃麵撒胡椒、吃烏龍麵加辣椒粉。每每見狀都會讓美幸心頭火起暗罵「你這混球」。在美幸的幻想世界裡早已不知發生過幾次殺人事件。然而，這只不過是「盼丈夫快死」的序章罷了。

育嬰假結束，正式復職後，托兒所的洗禮便接踵而至。很多幼兒會因為尚不適應托兒所環境而出現身體不適的狀況，在剛開始的半年內可能會突然發燒或被傳染疾病，家長必須做好心理準備。從梅雨季至夏季這段期間的感染症多不勝數，諸如腺病毒（泳池熱）、手口足病、皰疹性咽峽炎，進入秋冬後又有呼吸道融合病毒、流感、諾羅病毒等會輪番登場。各種傳染病皆有規定的停課天數，在這段期間，家長自然必須請假陪病。

四月，美幸的小孩送托兒所3天後，出現發燒到38度的情形。丈夫完全未跟美幸討論，只說「後續就交給妳了」便理直氣壯地出門上班去。美幸只好向公司請假帶孩子去小兒科就醫。她只能安慰自己，才剛復職沒多久，工作也還沒上軌道，遇此情況請假實屬情非得已。

美幸的孩子遲遲難以適應托兒所生活，每天報到時總是哭喊著「媽媽～」緊抱著她不放。她利用公司的育兒短工時制度，將一天的上班時間調整為最低時數的6小時，以便在下午4點半下班接小孩。這樣的生活與每天搭末班電車回家的單身時期，簡直是天壤之別。在天色尚明亮的時段便離開辦公桌下班走人，雖令美幸感到內疚，但孩子看到她時總是一臉燦笑地喊著「媽媽～！」接著飛奔過來抱住她。

「孩子才快滿1歲而已，是正值可愛的時候呀。」夾在工作與母職之間，令美幸感到五味雜陳。必須上班工作，還有孩子得照顧，這點是不分男女的。可偏偏，育兒責任往往落在母親，也就是女性身上。孩子在托兒所發燒，所方總是反射性地最先打電話通知身為母親的美幸。為何教保員不會聯絡父親呢？也因為這樣，父親們根本不曉得接到托兒所打來的電話時，心情有多慌張。

妻子年齡別與家事分擔比率

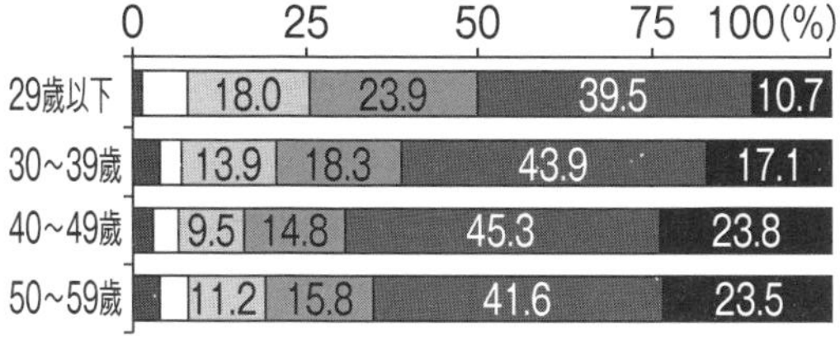

丈夫1週經手1～2次以上的家事類別比率

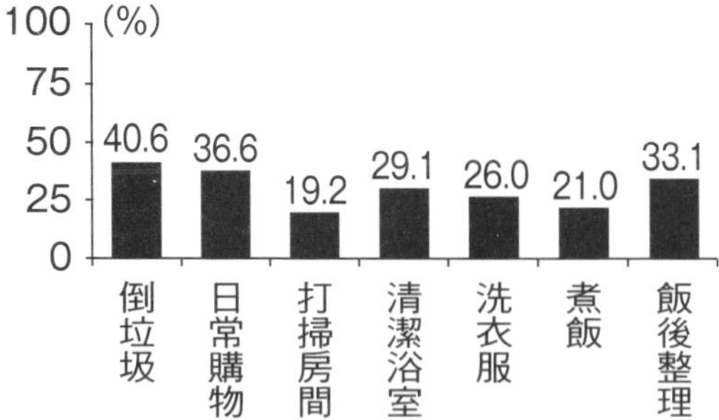

丈夫1週負責1～2次以上的育兒任務比率

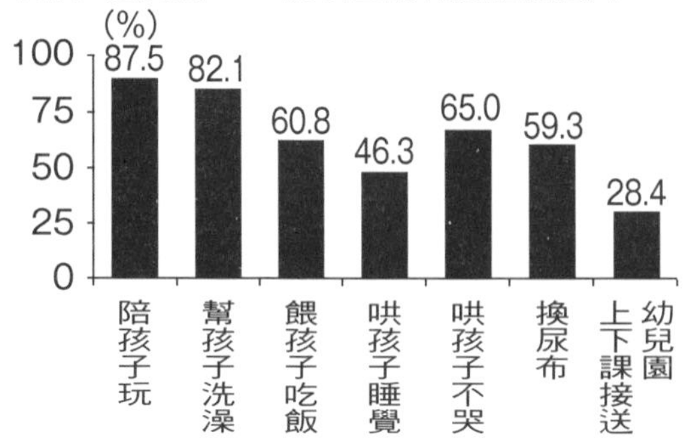

［圖 1-3］ **丈夫與妻子的家事、育兒分擔**

出處：日本國立社會保障・人口問題研究所
「第5回全國家庭動態調查 結果概要
（2014年8月8日公布）」

另一方面，「明明育兒大小事幾乎都是我這個做母親的在處理，但區公所幼教課所寄出的所有資料都是寫父親的名字。」每當看到信封上的收件人名稱就令美幸愈發感到不滿。

只要小孩一有狀況，美幸就必須配合調整工作，定期健檢等活動也都是美幸負責帶去。丈夫已完全將小孩的事丟給她包辦。遇到美幸必須早點出勤時，丈夫偶爾會送孩子去托兒所，光是這樣便自以為是新好奶爸。雖說有愈來愈多的父親願意接送小孩上下課，但主要仍由母親負責。

前述的社人研「第5回全國家庭動態調查」，彙整了各種丈夫與妻子的家事與育兒分擔現狀。妻子1天做家事的平均時間在平日為280分鐘、假日為298分鐘。妻子所負擔家事的比率高達85．1％。以妻子年齡別來看時，由女方負責所有家事的夫妻檔亦不在少數。29歲以下為10．7％、30～39歲為17．1％、40～49歲為23．8％、50～59歲也有23．5％。妻子包辦90～99％家事的比例最高，無論哪個年齡層皆占了4成左右（圖1-3）。丈夫1週經手1～2次以上的家事，頂多就是「倒垃圾」（40．6％）與「日常購物」（36．6％）。

該調查指出，在育兒方面，妻子所分擔的比率為79．8％、丈夫為20．2％，結果相距甚遠。在丈夫1週負責1～2次以上的育兒任務中，比率最高的是「陪孩子玩」（87．

5％），其次為「幫孩子洗澡」（82．1％），也就是專挑所謂的「爽缺」做，最少的則是「幼兒園上下課接送」（28．4％）。

面對這樣的現狀，美幸亦感到氣憤難耐。

「接小孩回家的時間很固定，只要有心誰都做得到。有效率地處理工作，準時下班去接孩子不就是最基本的嗎？」看到其他父親送小孩去托兒所，也令美幸感到不平衡。她對丈夫表達不滿「有些小朋友的爸爸甚至還會來接孩子回家呢。」丈夫卻傲慢地回答「這些爸爸是做什麼工作的啊，還真閒耶。」在這當下，美幸再次察覺到自己又萌生「你乾脆死一死算了」的念頭。美幸只能告訴自己，不行、不行，目前仍需要人手幫忙，這人再怎麼爛也只能忍耐再忍耐。

購屋所帶來的轉機

美幸已經完全不將丈夫當作異性看待，卻無論如何都想要第二胎。

她認為「現在多了個孩子，就算順利離婚，也不可能立即再婚生小孩。所以只能跟現任老公再拚一個」。

美幸費盡心機總算做人成功，懷上第二胎。她心想既已得償所願，隨時離婚也無所謂，但兒子還小需要費心照顧，她一個人實在應付不來。況且，女兒出生後，同時要養育兩個孩子的負擔超乎想像地重，每天都忙得暈頭轉向。兒子似乎因為妹妹的存在而感到嫉妒，更加黏著媽媽不放。連美幸上個廁所都要跟進去，片刻不肯離開，不管做什麼都要找媽媽。餵女兒喝奶時，兒子也會跟著吸吮媽媽的胸部。在兒子緊黏著自己時，若不請老公照看女兒，實在會被逼到快發瘋的程度。然而，在這種關鍵時刻，丈夫或許是嫌顧孩子麻煩，會刻意堆起笑臉佯裝徵求孩子的同意「還是媽媽比較好對吧」順勢把孩子塞給美幸。

最近究竟有幾次是能趁熱吃飯，或是趁熱喝完味噌湯的呢？餵完兒子後換女兒，簡直就像母燕餵養小燕般，忙著搬運食物送到子女口中，將自己擺在第二、第三順位。已記不得有多久沒好好吃頓飯了。

哦，好想吃烤魚喔，雖然得一一挑刺，根本沒閒工夫享用。哦，也好想細嚼慢嚥地品嚐一下糙米飯。只要半小時就好，真想一個人發呆放空一下，悠閒地看看報紙、從容地泡個澡消除一天的疲勞。想好好洗個頭，不必一邊盯著孩子隨便抓個三兩下趕著沖洗完畢，也想出門剪個頭髮。想來杯熱騰騰的現泡咖啡，但萬一被孩子打翻可就危險了，所以喝不得——。

可是，丈夫卻輕輕鬆鬆享有這一切。

由於丈夫已邁入40歲後半，為了避免因年齡卡關而無法向銀行申請房貸，於是買了間公寓。

當時美幸認真思考：

「投保團體信用人壽保險，當投保人死亡時就不必繼續繳交房貸，比離婚更划算」。

聽著銀行行員的說明，美幸察覺到自己又興起盼望丈夫死亡的念頭。理財專員也悄悄透露「這件事沒辦法在您先生面前提，有鑑於兩位的年齡差距，先生或許有可能會比較早走，所以建議您盡量提高貸款金額，拉長貸款年限，這樣會比較划算喔。」美幸明白這當然是一種推銷話術，但心情卻頓時變得明亮起來，不置可否地回道「原來是這樣啊～！」

很多時候或許只是為了日常小事起爭執，但夫妻之間的情感溫差會逐漸拉開到難以估量的程度，日積月累後，妻子就會動真格地期盼丈夫一命嗚呼哀哉。

第二話　處處惹人嫌的丈夫——41歲・系統工程師

心目中的理想為只有孩子的生活

「希望丈夫死掉這種事似乎有違倫理，所以我也不敢跟朋友說。」

如此據實以告的片山志穗小姐（化名，41歲），與上一篇的美幸一樣，在申請房貸時強烈意識到丈夫死亡這件事。只不過，認真思考自己為何會期望丈夫身亡的理由時，打從一開始在各方面就與老公不合，以及根本就沒喜歡過老公的疑問，就此在她心頭揮之不去。總之，丈夫的言行舉止總令志穗覺得不順眼。

志穗試著回想分析，為何自己會這樣看待夫婿。

小她1歲的妹妹走太妹風，20出頭便結婚，還不到25歲就以離婚收場。成為單親媽媽後反倒看開「不覺得根本不需要老公嗎？如果會被丈夫綁住的話，我才不要再婚咧」，並選擇回到娘家過著自由自在的生活。由於妹妹也有很多朋友離婚，甚至還大剌剌地直呼「離婚也沒啥大不了的啊？」可能因為身邊經常出現老公無用論的話題，受此影響，志穗從結婚前便對「沒有丈夫，只有孩子的生活」感到嚮往。

但是，日本社會對未婚媽媽的態度不甚友善，事實婚亦占少數。整個社會呈現出若未結婚就不該生小孩的氛圍。原本志穗就對結婚毫無憧憬，只是覺得「就當作經驗，結一次看看也好」，就這樣不期不待地結了婚。

志穗在大學畢業後所任職的第一家公司，主要負責知名雜誌的編輯工作，但深感取材不易而萌生退意。她重整旗鼓，下一份打算找ＩＴ相關的工作，因而白天上班晚上在夜校學習。為了累積經驗而在轉職應徵時自告奮勇地表示「不領薪水也無所謂，請讓我在這裡工作」，順利進入ＩＴ相關企業服務。她發揮在這裡所學得的技能，跳槽到媒體業界，現在則是一名系統工程師。

憑著一股衝動與媲美「低油耗」的男人結婚

熱愛工作的志穗，面對長時間工作也不以為苦，經常加班到趕搭末班電車的程度，但年過35歲後，開始在意起「卵子老化」的問題。

這幾年，無論是電視節目或報章雜誌，皆紛紛討論起年過35歲懷孕大不易的議題。

日本婦產科學會將35歲以上的孕婦定義為「高齡產婦」。高齡初產極可能伴隨著高風險。不但原始卵泡會隨著年齡增長而減少，導致受孕率變低，懷孕後亦容易出現染色體異常的情況，導致流產率變高。此外，從較易罹患心血管疾病這點來看，也會增加流產或早產的機率。如若引發妊娠高血壓症候群，甚至還有致死的危險。專攻不孕症治療的東海大學醫學院客座教授杉俊隆，在其著作《不孕症年級》中指出，孕婦的平均流產率為15％，但會隨著懷孕年齡上升，35歲為20％、40歲為40％、42歲則高達50％。醫學上認為，35歲前才是所謂的黃金生育期。

另一方面，由於初婚年齡上升也造成了晚生情況日益普遍。根據日本厚生勞動省的「人口動態調查」報告，以第二次嬰兒潮（1971～74年）甫結束後為例，在筆者出生的1975年，平均初婚年齡為男性27．0歲、女性24．7歲；生第一胎時的母親平均年齡為25．7歲。然而，2014年的平均初婚年齡為男性31．1歲、女性29．4歲；生第一胎時的母親平均年齡則攀升至30．6歲。此外，年過35歲的產婦所生的孩子約占整體出生數的3成，相較於20年前左右增加了將近3倍之多。

由於一般民眾對這些資訊也有所耳聞與接觸，因此志穗亦開始認為「考慮到自己的年紀，可能得準備告別單身生活了。要生孩子就得跟時間賽跑。再說，年紀愈大的話，身為女人的行情恐怕只會持續下跌」。

就在她產生這股危機意識時，正好與大學時代交往過，年長她2歲的男性重逢。這人雖然一點都不有趣，但考慮到能否一起過生活時，倒還算是個可以將就的對象。志穗心想，重點是，這個人應該不會干預另一半的工作。他攻讀理工科系，學生時代都關在研究室裡做實驗，不喝酒，不看閒書，也沒任何休閒興趣，簡直可用「低油耗」來形容。人看起來也頗老實，成熟穩重又不會抱怨，是很適合結婚的人選。

「我們結婚吧。」

兩人情投意合，憑著一股衝動就這樣結為連理。當時志穗36穗，丈夫38歲。

實際上，出自年齡考量或想要孩子的動機而結婚的個案似乎還挺多。日本內閣府的「結婚、家庭組成之相關意識調查」報告書（2014年度）指出，未婚而且將來有結婚意願的受訪者所回答的「想婚理由」中，女性以「想要小孩」占最多數。針對「在哪個年齡階段會為了結婚而積極採取行動」的提問，最多女性回答「30～34歲」（44・0％），其次為「25～29歲」（31・3％）。另一方面，男性則是「30～34歲」（40・9％），以及「35～39歲」（28・7％）。認為「結婚與戀愛應分開看待」的男女比例皆約莫占半數。

丈夫是「辦事不力的下屬」

由於彼此並非經過轟轟烈烈的戀愛而結婚，所以志穗亦自覺「或許打從一開始，我們的夫妻關係就很冷淡。」當時覺得，既然都要結婚了，當然得趁著還適用房貸減稅最高扣除額的時候買下房子，擁有土地與建物資產。

丈夫亦贊成結婚與購屋齊頭並進，但無論是尋找居住地點或房屋皆丟給志穗處理，令她覺得新婚生活備受煎熬。

要住哪個區域、哪棟房屋價格大概多少也是由志穗負責調查。即便已實際看過房子，但她覺得購屋就是要慎重其事，經常利用工作空檔頻繁造訪現場。至於志穗的丈夫，只會在參觀樣品屋時說出「哇～好讚喔～」之類的感想便不了了之。還以為他多少有做點功課，結果本人只是得意洋洋地表示「我有在網路搜尋查了一下喔！」這明明是人生中最大一筆消費，不得令志穗深感失望「喂喂喂，拜託！好歹你也實地走訪一下吧！不實際看過、提出問題又怎能做判斷呢？」

後來總算在東京23區內高級住宅林立的地段找到售7000萬日圓的房屋，趕在減稅期間即將結束之際順利買下房子。考慮到將來若有個萬一，決定以丈夫個人名義來申請房貸。因為有投保團體信用壽險，若投保人死亡，房貸也會跟著一筆勾銷。先以10年固定利率來繳納貸款，並以此為藉口，告訴丈夫「貸款部分都登記在同一人名下會比較方便管理」而用丈夫名義辦理房貸，孩子的教育基金與教育保險則全以志穗與小孩的名義簽約，以此來劃分資產。生活費也以丈夫的收入為主，她自身的收入則一律儲蓄。現在回想起來，或許從那時開始，腦海中便已浮現盼老公死掉的念頭也說不定。不光只是因為找房子這個原因。「老公雖然大我2歲，但簡直就像『辦事不力的下屬』。常常讓我覺得很煩，心想你到底是不是個男人啊？好歹也做點什麼吧。」

這種情況也常出現在日常生活中。某天，志穗打算將不要的家具雜物拆解成小塊後丟掉，因此拜託丈夫「用鋸子切一切」，他卻面露困惑地跑來求救「欸，跟妳說喔，」接下來果然不出志穗所料，丈夫一臉委屈地控訴「這個切不動耶。」「給我看看，」志穗接過手試了一下，並沒有任何問題。

「明明就切得動啊！真是的。」

此時真的氣到太陽穴的血管快爆掉。

志穗丈夫缺乏行動力的事蹟真的是講也講不完。他雖有駕照但沒有實際駕駛經驗，自尊心又強，似乎不願坦承自己不敢開車上路，所以絕對不會主動說要開車帶家人出門走走。就算志穗提議，他也會推拖「要是發生意外怎麼辦。」老是這種鴕鳥心態，難怪什麼事都做不成。話說回來，志穗身為女人的自尊卻又不能容忍自己當駕駛，丈夫安坐副駕駛座這種事。所以都是獨自一人駕車外出。

男人開車當護花使者，對志穗而言是能感受到「有肩膀」的一種方式，丈夫雖是身為一家之主的「男子漢」，但完全不是會令她動心的對象。

懷孕期間仍得處理繁重業務

在這樣的情況下，眼見周遭朋友們一個接一個地懷孕、生產，志穗也熱切渴望擁有自己的孩子。按捺不住焦急的情緒，她旋即前往婦產科診所檢查自己是否能生育，結果得知自身有不易排卵的情形。志穗於是服用排卵藥，算準時間努力做人，終於在38歲時懷孕。然而，卻在懷孕11週時流產。志穗深受打擊，腦中一片空白，痛失胎兒的遺憾令她比以往更加渴望有自己的孩子。

在做人的階段，丈夫也是完全被動聽從志穗的指示。她在服用排卵藥的同時，還嘗試了另一種治療不孕的方法，也就是在醫師的指導下推算「時間點」行房。每當來到診所醫師的「指定日」時，他們就會按表操課。志穗雖然想要孩子，但根本無法將丈夫視為異性，對性行為這件事備感痛苦，在過程中「只是放空什麼都不想，等待丈夫完事。」

為夫妻倆提供性生活諮詢的婦產科醫師也表示，確切感受到「有愈來愈多的夫妻不願行房，只想要孩子。為了避免發生性行為，即使並非不孕也想透過人工授精等方式懷上孩子。」

半年後，志穗再度迎來小生命。

她在懷孕期間亦勤奮地處理繁重的業務。其所屬職場完全是男性的天下，女性員工只占了1成左右。早上9點準時上班，每天搭末班電車回家，1個月的加班時數超過100小時更是家常便飯。在這樣的職場環境下，公司一名女員工在30歲後半時未婚生子。公司對此召開會議，討論是否允許該職員請育嬰假。當時還單身的志穗尚未察覺到事情的嚴重性，等到自己結婚懷孕後才開始擔憂「搞不好公司不會讓我請育嬰假」，心裡七上八下。當然，即便在懷孕期間，她仍舊每天加班搭末班電車回家，孕吐情況又很嚴重，只能強忍著嘔吐與頭暈的症狀，努力做好份內事。

對於抗壓性強，從學生時代便相當具有挑戰精神的志穗而言，曾幾何時丈夫已完全成為雞肋般的存在。

不要隨便碰我的孩子

產後，妹妹開車來接志穗出院，她便順勢回到娘家小住。畢竟妹妹比起丈夫來得可靠多了。請了育嬰假的志穗在娘家休養2、3個月後才返回住家與丈夫一起生活。

丈夫每天都很晚下班。大部分的太太應該會希望老公早點回來，幫孩子洗澡什麼的，但志穗反而因為不必跟丈夫相處而覺得自在。她很討厭丈夫回到家裡來。

志穗家是三層樓獨棟透天厝，丈夫的房間在一樓、志穗與孩子則在二樓的起居室生活，累了就直接躺進鋪在一旁的被褥裡補眠。每當她與孩子開心地共度時光，老公剛好回來時，就會忍不住想著「喂，可以不要這樣大搖大擺地闖進來嗎？我跟孩子正處得愉快，你別來搞破壞。」丈夫明明是孩子的父親，她甚至偏激到在心中吶喊「不要隨便碰我的孩子。」

愈發獨立自強的妻子

考量到日後還是得回歸職場，志穗從懷孕期間便為了尋覓托育機構，前往自治單位的相關部門洽詢。然而，尚在排隊候補的兒童人數實在太多，承辦人員只說「短時間應該很難排到」便沒有下文。娘家所在地區的托兒所聽說比較好申請，儘管從這裡到公司的路程超過2小時，志穗還是拋下丈夫帶著孩子搬回娘家，將孩子送往附近的托兒所重返職場。來回超過4小時的通勤時間著實累人，但也只能將就。

如此費盡千辛萬苦只為了繼續工作，但仍舊是丈夫擁有高收入，自己則因為育兒減少工作時間而薪資縮水，這點令志穗覺得很不平衡。

「只是因為身為男性就能維持住社會地位。看看自己的頂頭上司不也是這樣。」

由於志穗申請育兒短工時制，公司便以體恤為名將她排除在重大工作之外。她既心有不甘「男人也應該跟女人一樣，嘗嘗育兒工作兩頭燒的滋味」，也忍不住想遷怒丈夫「像你這種咖，有什麼好神氣的。」

擅長離婚相關訴訟，著有《為何妻子會突然提離婚》一書，在採訪當時任職於榊原法律事務所的打越咲良律師對此亦面露慍色地表示，

「在這種男性仍占優勢的社會裡，有些人高學歷有能力，只是因為身為女性便不受重用而遭到埋沒；另一方面，男性往往被高估而能獲得穩定的收入。像這樣的社會只會停滯不前。」

以志穗來說，舉凡蒐集托兒所資訊、是否搬回娘家住，全都必須自行決定做出行動。察覺到自己愈來愈習慣自立自強，令志穗更加感到沒好氣。

「咦？我沒有老公嗎？感覺我比較像男人耶。」

每思及此就會更加煩悶不開心。志穗已不再指望丈夫能拿出任何身為男人的作為。而且，就算丈夫將來生活無法自理需要長期照護，她也不可能親力親為。就連現在丈夫發燒她都置之不理了。

丈夫不會暴力相向，也不喝酒。既沒有債務，亦不會在外尋歡作樂，當然，也不必擔心會有出軌偷腥的情形。他與志穗同為系統工程師，經常加班，每天都處於工作滿檔的狀態。遇到難得的假日也只是待在家裡發呆放空而已。這讓志穗覺得「這樣活著到底有何樂趣可言」總之就是看不順眼。話雖如此，丈夫絕非惡人，收入穩定、性格沉穩，沒有任何足以構成離婚的致命因素。

「看來，丈夫因過勞而身亡就是最好的解方，旁人還會寄予同情的眼光，不必被指指點點。」話一出口的瞬間，志穗對自己感到驚訝「天啊～我簡直跟殺人犯沒兩樣。」

「我果然是不太喜歡老公的吧……。只不過，養孩子還是需要人手幫忙照顧……」

愈思考愈混亂，總是在這個思路上打轉。若真的離婚，孩子會怎麼想呢？再者，面對現在這個父母親感情絕對稱不上融洽的狀況，孩子又會怎麼想呢？志穗認真考慮，若要離婚就該趁著孩子還不會留下記憶的時候趕緊辦一辦。

「形同虛設」的丈夫

現在志穗住在娘家，丈夫每個月大概會有2次在週末時前來探訪，與太太和小孩小聚5～6個小時。待在丈夫身邊只會覺得火大不耐煩，所以見面時間愈少愈好，這樣對彼此都有益。

日後若回歸同住一個屋簷下的狀態時，該如何是好呢？住家為三房兩廳的格局，在購入當時其實可以設計成四房兩廳，但彼時尚未具體考慮生小孩的事，現在則感到「悔不當初」。以現在的房間數來看，將來沒辦法一人住一間。那孩子長大後不就得跟老公兩人共用一間房嗎？跟他睡同一間？辦不到啦！

「是說，現在被育兒的事追著跑，根本也沒那種心情。如果哪天真的想跟異性有肌膚之親的話，也要另找他人，而非老公。」志穗如此暗自決定。

現在她只是妥協於「每天過得安穩平順，有錢、有房子、符合社會的標準，這樣便已足矣」的狀態而已。

丈夫年薪千萬日圓，志穗本身若恢復正常工時再加上加班，年薪也有800～900萬日圓，屬於高收入一族，但根本忙得沒時間花錢。她的個人存款有1500萬日圓，這件事當然是對老公保密。由於房貸先以10年固定利率的方式償還，10年後利率會有所調動，若利率上升，挪用積蓄一口氣繳清貸款會比較划算。只不過，志穗亦在內心盤算著，若那時已離婚的話，就把房子跟貸款留給丈夫，存款由自己帶走。

「咦？這麼說來，我果然還是真心想離婚？」可是又沒有關鍵因素讓自己下定決心這麼做。倘若離婚，除了擔心單親是否會對孩子造成不良影響外，要跟公司說明此事也有點麻煩。儘管腦中一直存在著說不定哪天會離婚的念頭，但真要提出離婚登記申請書還是令人感到茲事體大。

當初志穗認為若要生小孩的話，丈夫是唯一人選，所以她的結婚動機其實交雜著心機盤算與豁出去的心態。這不得不令人思考，難道沒有能讓事實婚更接近登記婚，介於結婚與離婚中間的制度嗎？

法國在1999年成立了「民事伴侶結合法（PACS）」，賦予成年而且長期共度生活的當事人等同於配偶關係的社會權利。非婚生子女因而增加，出生率也隨之上升。

日本依然保有「結婚＝獨當一面」的觀念，前述的「結婚、家庭組成相關意識調查」指出，每5名受訪者中就有1位回答「覺得結婚才真正算是獨立」。也就是說，婚姻制度仍舊伴隨著一定的社會地位。後面也會提到，實際走到離婚這一步對女性而言極為不利。而且，日本整個大環境制度對於單親家庭還不夠完善。在這些問題未解決前，志穗應該會持續感到心煩。所以丈夫死亡對她來說反而有利無害。

「反正現在就是不把丈夫放在心上，當他不存在，完全沒有任何期待。不再指望他有什麼表現。」

這就是志穗現在的心境。

像志穗這樣，將丈夫視為無物以安慰自己的太太應該不在少數。然而，日常生活中依然處處潛藏著令人妻們想動手宰了丈夫的各種情形。

第三話　客廳即是萌生殺機的所在——45歲・上班族

令人起殺心的丈夫腳步聲

啪踏、啪踏的緩慢腳步聲再度徐徐響起。

好煩————。當下實在令人欲除之而後快。

住在神奈川縣的川又聰子小姐（化名，45歲）育有2名子女，兒子就讀國中二年級，女兒為國小五年級。在兒子剛上小學的時期，每天早上都忙得團團轉。

出門前必須檢查兒子的書包，以防漏帶東西，還得將替換衣物與毛巾等物裝袋，做好送女兒去托兒所前的準備。

聰子總是將效率擺第一，從客廳走到廚房時一定會隨手拿起待洗的杯子，從不空手在家中閒晃。每天都手忙腳亂地趕著做好孩子與自己的出門前準備，幾乎一刻不得閒，而此時就會傳來丈夫從寢室緩步跺來的腳步聲。一聽見那個啪踏、啪踏的聲響時，就會令聰子想宰了老公。

「那麼晚才起床，再加上拖拖拉拉走路的死樣子，實在很難不令我感到火大。」聰子說到「火大」這兩個字時，更顯咬牙切齒。

聰子的丈夫之所以表現得像個沒事人般，追根究柢心裡應該還是希望妻子能成為全職主婦吧。回想起來，丈夫的母親曾不經意地對她說「希望妳能待在家裡」。任職於同一公司的丈夫，在她生產前也一直抱持著「男主外，女主內」的觀念。然而，現實卻不允許如此，由於公司業績不太理想，考慮到家計問題，丈夫一改之前的態度，表明「希望妳能繼續工作。」

育嬰假期間的生活至今仍令聰子感到懊悔不已。那段期間她為了忙碌的老公會早起做早餐，並包辦所有的家事。而那正是造成現今這種局面的原因。

妻子變忙碌時夫妻感情就會變調

休完育嬰假回歸職場後，為了能在固定時間下班，聰子申請轉調在公司內被稱為閒職的部門。她告訴自己畢竟孩子還小，這麼做也是情非得已，卻因為丈夫無心的一句話而覺得很受傷。

公司內有一名王牌級的男性員工，也因為被調職而與聰子同部門。夫妻倆在家中聊到這個話題時，聰子直呼「遇到這種人事異動也未免太倒楣」，丈夫卻雲淡風輕地表示「沒辦法，領人薪水就是這樣啊，就算是他也難逃前往垃圾場的命運」。

——稍等一下。你以為我是為了誰才待在這個部門的啊？就算有了孩子，男人還是一如既往地照常工作上班，因職涯中斷而吃虧的永遠都是女人。明知如此，居然還敢用「垃圾場」來形容？

當下聰子只覺得氣憤難耐，火冒三丈。

其實兩人所屬的職場環境對於懷孕與育兒並不友善。婚後被調派到東北地方工作時，聽子也曾因為懷孕而遭到上司歧視。由於她對雪地駕駛沒把握，怕會因此動了胎氣，因而申請轉調，上司卻冷冷地表示「妳自己應該也知道，沒地方能讓妳去吧。」言下之意就是，沒有部門會願意收留孕婦。3年後雖被調到其他部門，但懷第二胎時剛好遇到該名上司，向其報告此事後，對方卻難掩訝異地反問「妳真的有心要工作嗎？」一想到「原來我在別人眼中竟是如此」時，便令聽子覺得深受打擊。實際上，減少工時或無法配合加班的員工，尤其是正處於育兒階段的女性職員往往會被調任閒職。

然而，當孩子逐漸長大後，狀況又會有所不同。

「一般常說女人的收入較高或變得比較忙時，夫妻關係就會變差，真的就是這樣。」

距今5年前，當聽子的工作量增加，比丈夫還晚歸後，丈夫就開始找碴，處處刁難，彼此因而陷入在家形同離婚的狀態。聽子雖忍不住懷疑，難道是老公嫉妒我的工作表現？但丈夫在工作上平步青雲，也做得有聲有色，在被派往國外出差時，聽子當然也從未說過「不准去」這種話，如今卻遭到丈夫這種對待……。

晚上10點過後通常兒子尚未就寢。丈夫所採取的對抗方式就是，讓孩子們早早入睡，以阻止他們與聽子接觸。兒子蒙在被窩內不斷用手機傳送訊息：

「爸爸一直逼我們睡覺，害我沒辦法見到媽媽，怎麼辦啊。」

聽子整整忙了3個月的時間。某天，心裡七上八下地在晚間9點50分回到家時，只見家中一片漆黑，悄無聲息。她啪地一聲打開電燈，忍不住怒吼「你幹嘛這樣！」丈夫不服輸地回嘴「我可是連一句抱怨的話都沒說，默默忍了3個月耶!!」

「你這樣說對嗎？這7年來我為了孩子請調到可以早點下班的部門，沒有任何怨言地支持你在工作上打拚，難道你完全沒看見我這7年的努力跟感受嗎？」

只要孩子一發燒，幾乎都是聽子請假陪病。重返職場沒多久後，當時1歲半的兒子罹患肺炎必須住院1個月，也是聽子想盡辦法調整工作日程向公司請假的。丈夫總共只休了2天而已。她從未因為孩子的事令丈夫在工作上蒙受任何損失，所有會對工作評價帶來影響的情況，都由為人妻、為人母的她一肩擔下。照理說丈夫應該感謝她都來不及了，但他當時只說「被上司罵了一頓，叫我不要老是在公司裡提孩子的事」，一副自己絕對不會再為了照顧孩子而請假的嘴臉。

聞言，聽子不禁覺得就連丈夫的上司都很可恨。

——所以，在這個社會，妻子、母親、女性才會永遠處於不利的處境。明明男人也是家長啊。誠然，她也明白職場的氣氛令人難以說出想請假照顧孩子這種話。若因為請太多假而被炒魷魚也未免太冤枉。但是，若每個人都選擇不說的話，這個社會不就無法改變？

為何丈夫不願挺身成為「發聲者」呢？是時候進行社會改革了。事到如今，聽子已看破，覺得那你就當作不幸娶到我這老婆算了。

在這之後，丈夫開始晚起床，兩人的寢室也分了開來。那陣子，遇到必須一起搭公車出門時，就連坐在丈夫隔壁都令聽子感到難以忍受。覺得既痛苦又彷彿快窒息般。

動不動就對兒子發火的丈夫

對聽子而言，比起有時會不由自主地產生想殺夫的念頭，還有一個更嚴重的問題。那就是丈夫與兒子的關係。

丈夫很疼女兒，但對兒子卻動不動因為一些芝麻小事而開罵。她實在想不通，平常個性溫和的丈夫，為何總是對兒子發火呢。比方說，明明可以心平氣和地說句「整理一下桌子」就好，但丈夫偏偏要大聲吼道「快給我整理好！」孩子還只是個幼兒啊……。

雖不至於到虐待的程度，但丈夫平時總是習慣用怒吼的方式來教訓孩子。兒子在2～4歲上幼兒園的那段期間，曾因為丈夫受過三次重傷。

第一起意外是發生在兒子讀2歲班，丈夫去幼兒園接他回家的時候。下課回到家的兒子，腹部皮膚彷彿燙傷般紅成一片。似乎是因為丈夫為了對付遲遲不肯回家的兒子，而在幼兒園內硬拖著他走所造成的傷勢。這人對2歲的孩子究竟使出多大的力氣？成年男性以一般力道拉扯孩子都顯得用力過猛了，丈夫下手竟然沒有控制力道，簡直離譜！

第二次是丈夫對當時3歲的兒子發飆，要將他關在陽台，無視拚命想逃開的兒子，急就章地關上窗戶，導致兒子的手指被夾住。

令聰子認真考慮離婚的重大事件則是，有天丈夫在幫忙哄兒子睡覺，卻傳來兒子「嗚哇～～」的叫聲，接著聽到一聲巨響後，陷入一片死寂。翌日，兒子的眼睛彷彿比賽結束後的拳擊手般，瘀腫到不行。

那時，聰子明確地向丈夫宣告「要是敢再打孩子，我就跟你離婚。」在那之後，丈夫便不再動手修理孩子，不過已完全失去孩子的心，兒子會跟媽媽投訴「我討厭爸爸」。聰子擔心自己不在家時，老公不知會怎麼對付孩子，因此總是盡可能早點下班回家。

為了孩子而離婚？

兒子國小二年級時，曾在七夕的許願紙籤上寫著「希望爸爸能變得更溫柔」。兒子所許的願望就只有這麼一個。在他這個年紀，應該有其他更多可以寫的心願才對，令聰子覺得很心酸。

聽子有一陣子因為工作繁忙不斷加班，留在公司處理各種事務時，兒子就會打電話來哭訴「爸爸在生氣，好恐怖。」可是又不能丟下工作立刻回家。她急忙打丈夫的手機了解詳情，似乎是因為兒子鬧脾氣不肯去補習班，丈夫因而發火。

「我已經夠努力在做了！可是孩子就是不懂我的苦心。」丈夫滔滔不絕地抱怨了將近20分鐘，聽子內心只覺得「你去死啦」，但護子心切令她將這句話吞下肚。

「我知道你很努力，可是也不能這樣讓孩子感到害怕呀。」聽子勉強壓抑住想吼回去的心情，以溫和平靜的口吻安撫丈夫。

她不只一次考慮「為了孩子是不是離婚比較好」，可是一旦離婚，自己肯定會為了賺錢變得更忙碌，與孩子相處的時間也會變少。雖然孩子表示討厭爸爸，可是說不定也有需要爸爸的時候，思及此，聽子便無法斷然離婚。

丈夫只是個同居人

在兒子讀國小六年級時，有一天丈夫突然對聽子說「妳來一下」。

「我覺得再這樣下去不行。我會改掉對孩子的態度。」

丈夫開口道歉。包含揍兒子這件事在內，表達反省之意，並坦承孩子跟聽子比較親這件事令他感到吃味。

日後，丈夫果真逐漸收斂，不再兇兒子，但深植於孩子心中的恐懼感並未隨之消失。丈夫對女兒很好，但女兒也很怕爸爸。有一次聽子假日出勤時，接到女兒打來的電話：「我想吃蘋果，媽媽妳幫我削皮。」明明有爸爸在呀。女兒的懼父程度可見一斑。

過了2～3個月後，丈夫又突然表心意，

「妳愛我嗎？還是覺得恨我呢？」

「我正在努力彌補我們的關係，妳覺得我還需要做些什麼呢？」

雖然丈夫沒有把話講明，但聽子察覺到其言下之意就是想恢復同房睡。她直接給軟釘子碰「我明白你目前的努力，不過，現階段我還是過不了心裡這一關。」

這不禁令聽子感到傻眼「男人總覺得只要道歉改過就算和好。難不成以為這樣彼此就能變恩愛？」女人可不會因此就敞開心房。

丈夫充其量只是個同居人。轉換成這樣的想法後，原本劍拔弩張的關係也稍微有了改變。兩人的感情不好也不壞。尤其這一年來，彼此已不再一起出門旅行。往後，又該如何呢？等孩子滿20歲後是不是就沒有必要再跟老公同住了呢？

「到那時，我就55歲了。」

考慮到離婚也是需要體力的，所以暫時應該還不至於這麼做吧。話雖如此，連跟丈夫同房睡都感到排斥了，更遑論將來若有一天得貼身照顧他的生活起居。唉，不管是忙工作或任何事都好，只求老公盡量不要回來，可偏偏事與願違……。

丈夫的腳步聲總是令聰子起殺心這件事雖然不曾改變，但現在她已轉念這麼想「對呀，就把這一切當成是在模擬離婚時的狀態就好了！畢竟離婚後這些事也都得自己來」如此下定決心後，對這樣的狀態也就逐漸習以為常了。

第二章

「結婚離職」等於打開通往地獄之門！全職主婦充滿怨念的日常

上一章將焦點放在回歸職場工作，正處於養育幼兒階段的妻子怒火。另一方面，想工作卻無法如願的妻子內心其實也不平靜。本章則聚焦在非出於己願，只因情勢所迫而成為全職主婦的案例上。

例如，因為有喜而被歧視，不幸遭到「懷孕解僱」、勉強保住了飯碗，卻被逼工作育兒二選一，而被迫退出勞動市場。若丈夫，以及世上的男性願意更積極將育兒與家事視為己任，女人應該就不必辭職……。職涯被迫中斷的妻子心頭之恨可謂比山高比海深。

查閱日本國立社會保障．人口問題研究所的調查會發現，誕下第一胎的女性中有6成為無業狀態。這項趨勢在這30年來從未改變（圖2-1）。

本章亦採訪了自願成為全職主婦，以及膝下無子的個案。

第一話　職涯被迫中斷的妻子心頭之恨——46歲・東證一部*上市企業管理職

職業婦女的苦惱

「自從生了孩子後，我總是在對周遭的人道歉。一邊工作一邊養育孩子，是這麼對不起大家的一件事嗎？」

這段話不但道盡女性為人母後持續就業有多困難，亦成為筆者取材的原點。十多年前，在筆者剛開始針對育兒中的女性進行採訪時，結識了加藤咲子小姐（化名，46歲），並聽她娓娓道出這番心境。《週刊經濟學人》特集以及拙著《紀實報導 職場流產》（暫譯，岩波書店，2011年）亦收錄了關於她的故事。

曾經因為情勢所迫而短暫成為全職主婦的咲子，對此感到無比怨恨，這段往事則要從15年前說起。

透過後續追蹤才得知，咲子因為職涯被迫中斷這件事，對丈夫（50歲）那種已可稱之為

*譯註：2022年4月4日起，東證重組為Prime、Standard、Growth 3個新市場，不再使用一部、二部等分類名稱。

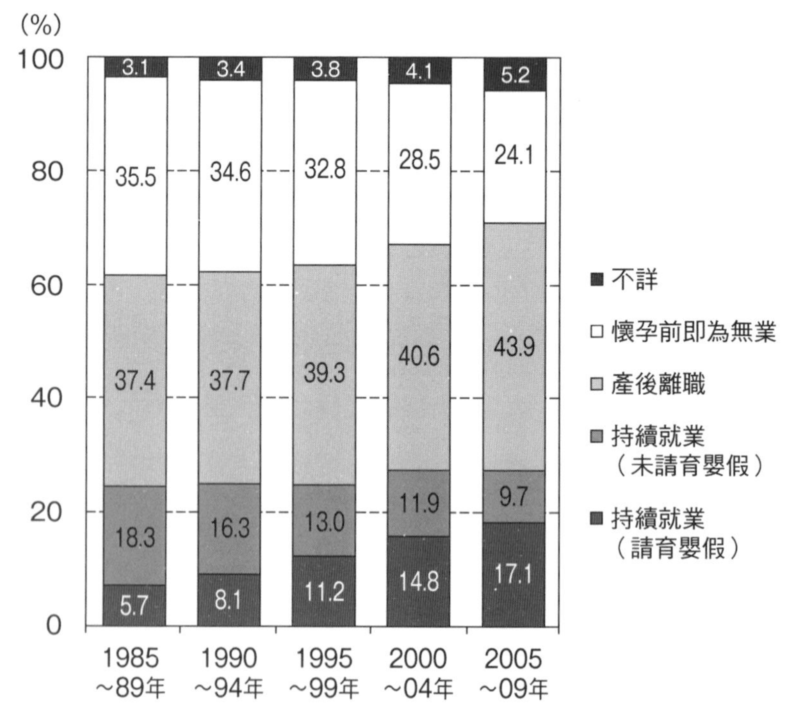

[圖 2-1] **妻子在第一胎出生後之就業情況變遷**

出處：國立社會保障・人口問題研究所「第14回出生動態基本調查 結婚與生產之全國調查 夫婦調查結果概要」

憎惡的情緒仍然持續發酵。

咲子應屆畢業後就在據聞超難考的中央政府所管金融機構上班。她因卓越的語言能力而備受器重，主要負責與美國聯邦儲備銀行（FRB）和英國央行（BOE）等機構的業務往來，針對景氣與市況等各種專業報告進行翻譯與製作相關文書資料，並在任職第三年時轉調到金融檢查監理部門。咲子完全就是名符其實的菁英，被提拔擔任「MOF窗口」，也就是負責與財務省溝通往來。在這之後，年僅20多歲就有外資金融機構開出年薪千萬日圓的條件挖角，其能力之優秀可見一斑。

咲子在轉職跳槽的同時完成終身大事，接著懷孕。當她向當時的上司告知懷孕一事，沒想到上司卻一副理所當然地表示「那妳會辭掉工作吧」要她捲鋪蓋走人。亦即今日所說的懷孕歧視。這件事則發生於2001年6月。雖說是外商，但下屬的去留受到上司價值觀左右的情況並不算少。

咲子不認輸地直接找上美國總經理談判才順利取得育嬰假，並在2003年重返職場。當時在教育機構工作的丈夫為單身赴任的狀態，彼此的老家又遠，無法幫上任何忙。咲子置身於從早上7點上班到晚上11點乃家常便飯的部門中，為了兼顧工作與育兒，著實吃足了苦頭。

所屬職場環境並不包容與體諒正處於育兒階段的員工，咲子總是一邊跟同事們說「對不起」而早一步下班，若延誤了去幼兒園接孩子的時間，又得不停地對教保員說「對不起」。對於因為等不到人而哭泣的孩子還得賠罪安撫「對不起喔，媽媽來遲了」。這樣的生活持續了幾個月後，實在令咲子感到吃不消，整個人已完全燃燒殆盡。

剛好就在此時，丈夫被派往海外工作1年，咲子因而決定辭去工作「夫唱婦隨，遠走他鄉」。

像咲子這樣，因為丈夫轉調單位而離職的女性究竟有多少呢？關於這方面的調查相當少，不過日本厚生勞動省「為掌握育嬰假制度等相關實際狀況之調查研究事業報告書」（2011年度）指出，在懷最後一胎並於產後選擇離職的女性當中，有9．7％為正職員工，卻因為「丈夫的工作地點、轉調問題而難以持續就業」，也就是說，大概每10人就有1位是屬於這樣的情況（圖2-2）。根據厚生勞動省「平成24年（2012年）度僱用均等基本調查」，將員工分為「綜合職」、「一般職」、「技術職」並分別設有僱用管理制度的企業為57．6％。將來有望升任幹部的綜合職則有可能被轉調至日本全國各地，相信受此影響的家庭應該也不少。

年薪銳減，只有原本的3分之1

丈夫派赴海外或許可說是咲子夫婦命運的分歧點。咲子在歐洲過著全職主婦的生活時，才赫然發現丈夫的本性。

看著負責做家事、帶孩子的咲子，丈夫說出了這麼一句話：

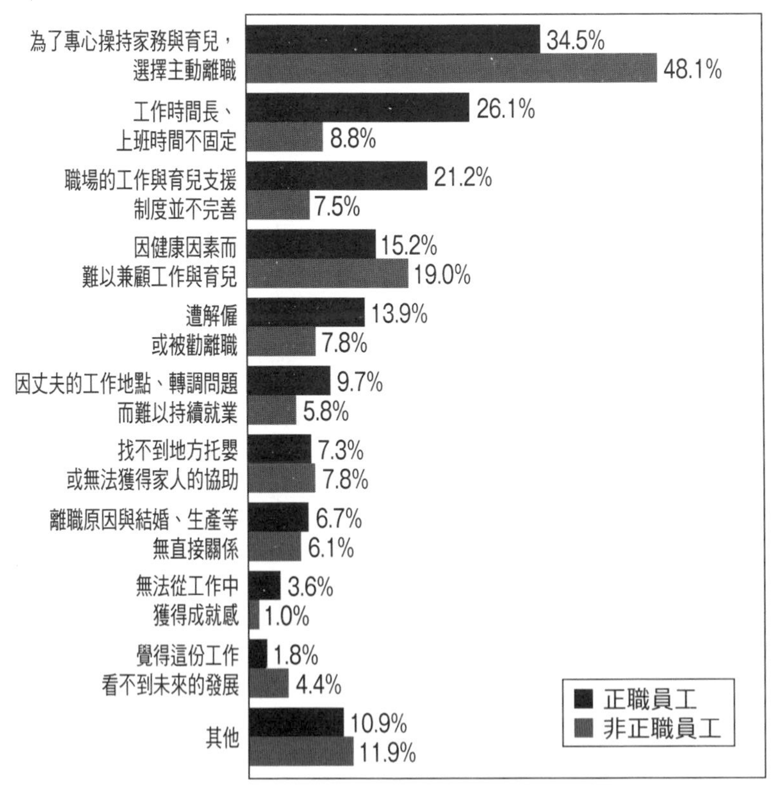

［圖 2-2］**懷最後一胎並於產後離職的原因**

出處：日本厚生勞動省「平成23年（2011年）度 為掌握育嬰假制度等相關實際狀況之調查研究事業報告書」

「妳只需要陪孩子玩就好，還真爽呢。」——這句話成為導火線，令咲子的內心宛如烈火般熊熊燃燒，再也不曾恢復平靜。

——我沒聽錯吧?!你到底知不知道自己說了什麼？？我現在的確只是一介家庭主婦，但是你有沒有想過，在走到這一步之前，我有多麼嘔心瀝血，拚命兼顧育兒與工作，結果卻得放棄職涯發展時有多不甘願？

派駐海外的任期結束後，咲子跟著丈夫來到下一個調派地點，九州。彼時的地方城市並沒有可以讓35歲的咲子發揮卓越語文能力和專業知識的工作。派遣公司也說「您的孩子還小，再加上您的年齡條件較為不利，只能為您介紹時薪800日圓左右的事務工作，或速食店的職缺。」後來請朋友幫忙引薦，好不容易才在私人經營的研究機構找到工作，成為兼職人員，年薪為300萬日圓，銳減到只有生產前的3分之1。

產後養育幼兒的女性要持續就業與再就業，從以前到現在皆相當有難度。以各年齡層來看女性勞動力參與率（勞動力占15歲以上人口的比率）時會發現，上述狀況如實反映在25歲至34歲世代低迷的數據上。將此數據變化製成圖表時會呈現M字型，因而被稱為「M字曲線」現象。造成此現象的主要原因在於女性的育兒期離職潮（圖2-3）。女性勞動力參與率，尤以有配偶的20世代後半至40世代前半特別低。

不但減少工時與遠距工作等彈性上班制度不夠完善，企業又因景氣低迷而要求人數稀少的優秀正職員工燃燒生命，在這樣的現狀下，要在養育孩子的同時，以正職人員之姿投身工作是很困難的。查閱總務省的「就業結構基本調查」（2012年）也能得知，女性在遇到結婚與生產等人生重要大事的時期，正職的比率會下降，兼職的比率則會上升。20∼

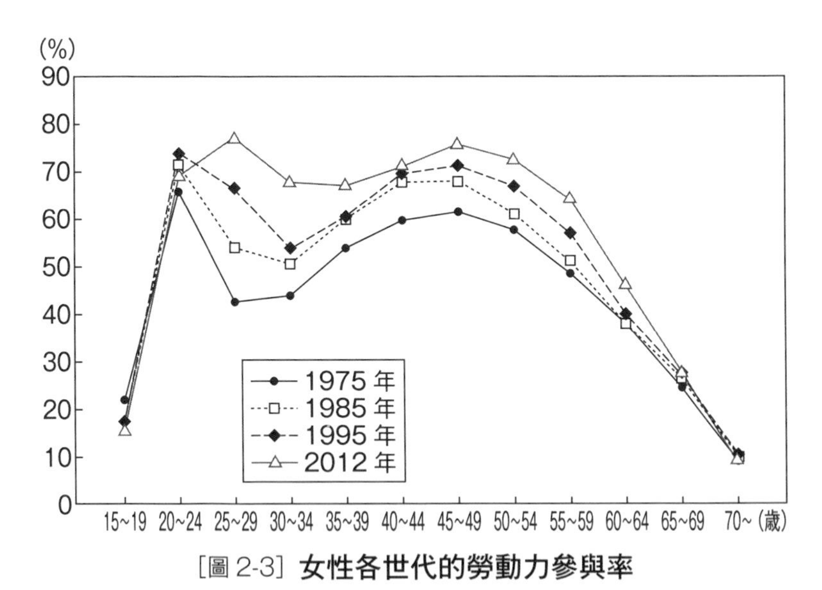

[圖 2-3] **女性各世代的勞動力參與率**

※勞動力參與率是指，勞動力（就業者＋失業者）占15歲以上人口的比率。
出處：內閣府「男女共同參與白皮書 平成25年（2013年）版」

24歲的正職人員比率為52．3%、25～29歲為60．7%、30～34歲為52．4%，比其他世代來得高，35歲之後的年齡層則下跌至30～40%。另一方面，20～24歲的兼職比率相當低，只有8．2%，但25～29歲為15．1%、30～34歲為24．8%、35～39歲為34．2%，40～50歲則上升至40%左右。

從該調查亦可看出，女性要轉職成為正職人員亦十分有難度。「過去5年間轉職就業者」資料顯示，原本為正職員工的男性在轉職後約有7成能以正職人員的身分再度就業，但女性卻只有5成左右。換句話說，即使原本為正職員工，大約5成的女性也會因為轉職而成為非正職人員。

以兼職人員之姿再度就業的咲子，於6年後轉職投資顧問公司，原以為終於找到可以累積職涯資本的工作，但那裡依舊不是能讓她感到滿意的職場。此時距她產後已經過8年的時間。儘管如此，她仍是咬牙忍耐，做好眼前的工作。

媽咪跑道（Mommy Track）的陷阱

進入2015年後，咲子成功跳槽成為九州地區東證一部上市企業的管理職，這讓她總算鬆了一口氣「這下終於可以從『媽咪跑道』掙脫出來，回到普通的上班族狀態。」

媽咪跑道是指，儘管得以兼顧工作與育兒，但所負責的工作內容卻難以晉升加薪，亦被稱為「媽媽專用職涯養成班」。原本在工作上大展長才，不斷累積實務經驗的女性，在產後被指派處理難度較低的工作，或因為短工時薪資縮水等而導致工作動力下降的情況亦不在少數。對咲子而言，工作內容、收入、職位也都是人生中相當重要的事物。

咲子的年薪終於不再遜色於丈夫，但總共花了11年的時間才來到此階段，這一切全憑著她不願放棄，有工作就做的拚戰心態所賜。咲子在百感交集的複雜心境下迎來人生的轉捩點，不過此時丈夫依然不知輕重地表示「恭喜呀～」朋友來家裡玩時，他還笑得樂開懷地直呼：

「唉喲，她啊～在工作方面總是比我更有表現咧。」

——混蛋，盡是胡亂扯！

在朋友面前，咲子都快忍不住面露慍色了。丈夫還接續道：

「而且啊，她總是因為自己的薪水比我高，跩得跟什麼似的。」

——你這人，完全跳過我最痛苦的11年，還敢如此大言不慚……。

跟著你一起來到九州，年薪還不到20幾歲時的一半，但我還是忍了下來，咬牙苦撐，好不容易熬出頭了，但你卻絲毫不了解我的心情。

——王八蛋！去死啦!!

咲子不由得產生一股想殺夫的念頭。丈夫卻對咲子的心境渾然不察：

「反正結果才是最重要的嘛，這樣也挺好的呀。」一貫地說風涼話。

我那「失去的11年」。這些年在工作上跌跌撞撞、歷經坎坷，雖說轉職跳槽成功，並不代表從此可以高枕無憂。

家事是女人家的事？

丈夫展現出一副「我很注重孩子教育」的態度，大模大樣地出席兒子補習班的三方面談這件事，也令咲子感到不滿。至今為止所有社區禮貌教育活動，以及維護上下學交通安全舉導護旗當志工等，都是咲子獨自參與。她不禁心想，既然平常一律不參加那些吃力不討好的活動，那就別專挑這種時候擺出設身處地為孩子著想的嘴臉。

旭化成房屋「雙薪家庭研究所」曾針對雙薪家庭夫妻進行動態調查，並且統整出自1989年來歷時25年的調查結果。根據「30世代丈夫的家事實際參與度與意識」（2014年）資料，丈夫參與度排名第1的家事為「關門窗」（65・6％）、第2名為「年末大掃除」（53・8％）、第3名為「購買食品」（48・1％）、第4名為「倒垃圾」（38・5％），實在令人忍不住想來個綜藝摔。「出席社區各種活動」為18・1％，在12個項目中排名倒數第3。「飯後收拾整理」（27・9％）與「做飯菜」（22・8％）的排名也很低（2008年調查結果）。

再看看倍樂生次世代育成研究所的「第1回懷孕生產育兒基本調查・追蹤調查」，在孩子0、1、2歲期時，夫妻雙方在炊事（準備餐點、飯後收拾）方面的參與度，妻子無論在哪個時期「幾乎每天親力親為」皆超過90％，占了壓倒性的比率。相對於此，丈夫「幾乎置身事外」為34・0～38・9％。回答「幾乎每天參與」的丈夫，無論在哪個時期都只有1成左右，相當稀少。

咲子的丈夫似乎自吹自擂地主張「家事有一半都是我在做的」，不過咲子卻打臉道「實際上根本沒在做。」只不過1週2次「展現手藝」做晚餐罷了，況且也不是丈夫主動張羅，而是因為當天咲子必須加班或參加聚餐使然。

——你啊，除了1週做2次飯外，要加班要幹嘛都很自由，完全就是個老爺來著。我有時也想不受時間束縛，好好加班衝刺一番。而且男人絕對不肯做便當。這是為什麼？運動會、寒暑假都是需要帶便當的啊。再怎麼放寬標準來看，彼此的家事分擔比例頂多也是6：4吧。

——你啊，原本就認為家事是女人家的事，所以自以為這是在幫我的忙。嘴上自詡包辦一半的家事，其實你還是感到不滿吧？

愈想愈不爽，忍不住想惡狠狠地瞪視丈夫。出自那種「我是在幫妳」的心態所做的家事，其實都是些芝麻小事。丈夫煮味噌湯時不過是以熱水化開味噌而已。令咲子忍不住想問，您可知世上有高湯這種東西？

咲子說她並非不想生第二胎，但又不是想要到非生不可的地步。因為丈夫當年那句白目不識相的話「妳只需要陪孩子玩就好，還真爽呢」讓咲子從此寒心，無法再將丈夫當作男人看待。當然，從那時起彼此便不再有性生活。

成為寡婦反倒好

「我的生活不需要老公」。在兒子已愈發成熟可靠的現在，更加深了咲子的這種想法。只不過，她在現在的這家公司負責有關多元共融政策的工作。想到公司很看重自己已婚有小孩的這項事實，就有點難以提離婚。在這個幾乎都是男性員工的公司裡，女性管理職只有寥寥幾人。已婚婦女也很少，咲子則是唯一一位有孩子的女職員。

——唉，若丈夫能早點死的話該有多好。寡婦這個身分或許能起加分作用，有益無害。而且生活一點也不受影響。

咲子之所以不離婚是因為不願丈夫從此樂得逍遙自在。離婚對他來說只有好處而已。即使丈夫現在有了情婦也無所謂。但代價是，她不會解除婚姻關係，好令其持續背負著養家活口的義務。因為咲子認為，在九州被迫中斷11年的職涯再怎麼樣都已無法挽回。

就讀國二的兒子似乎察覺到父母親的感情並不怎麼融洽，還曾問咲子，

「媽媽，問妳喔，如果妳離婚的話有辦法養我嗎？」

咲子笑答：「完全沒問題的。媽媽一直都很努力工作，甚至能供你上大學、讀研究所呢。所以儘管放心～。」

咲子表示，最近發現自己愈來愈像歐吉桑。

——我之所以會變得男性化，都是你害的。如果你是個有肩膀值得依靠的人，我也會想撒嬌裝傻「嗯～人家不知道嘛～♡」，也會有想當個可愛小女人的時候。所以，我現在很想交男朋友。

或許是因為日常家庭生活的氣氛過於肅殺，才會讓兒子擔心起離婚的事，所以從幾年前開始，咲子便覺得，要是能找個情人約會轉換心情該有多好。雙方用心營造在一起的時間，讓彼此過得開心盡興，枯燥乏味的婚姻生活就是需要這種甜蜜時光來調劑。咲子所居住的地方不太找得到能成為情人的對象，所以偶爾出差東京時，一定會約以前的男性友人吃飯聊天，度過愉快的時光。

咲子當前的目標就是交個男朋友——。

被迫做決斷的永遠都是母親

丈夫的轉調讓妻子難以持續就業，並因此成為導火線，令夫妻關係走向毀滅。

這個問題的病灶很深，往往隱藏於「綜合職相對高薪，配合公司政策轉調全國各地是理所當然」的企業慣習陰影裡，因此一直未受到太大的關注。將此現狀視為一大問題的慶應義塾大學樋口美雄教授如此表示：

「問題在於男性沒真正體會到育兒的辛勞，便誤以為孩子轉眼間已經長大。父親單身赴任也是同樣的情形，導致育兒與家務全過於集中在母親身上。男性仍保有古早時代的觀念，因生育孩子而得承受更多負擔的女性從而心生不滿的這種狀態，從未有過改變。

對比海外，以美國為例，只限管理職才會受到伴隨著搬家的調派。而且，可以先跟家人在派赴地點住個1～2週再做決定。另一方面，在日本，就算是一般職的內勤人員，只要一張通知書就能將人調往全國各地，當事人實際上也無法拒絕。轉調或許有助於激發員工的能力，有些企業則是為了防止員工與顧客勾結而必須採取這樣的措施；但時代在變，是時候該重新思考，頻繁轉調對於企業與個人來說，真的是個好方法嗎？當丈夫被調派異地時，女性往往會出於缺乏賺錢能力等原因，而強烈認為自己應該『跟著丈夫走』，這就是現實。」

這一切，或多或少都來自於「男主外、女主內」的意識，再加上男女工資落差過大這樣的根本問題，女性承受著如此不利條件，其中的苦惱絕非小事。

有鑑於此，日本全國64家地方銀行總裁於2014年11月發起「促進女性活躍，共創光輝之地銀總裁會」。因配偶轉調而離職的行員（不問男女，但大多是女性），若有意願可以提出申請，於其他地方銀行再就業，這項制度於2015年4月開始實施。在雙薪家庭已蔚為主流的今日，除了擴大強化上述類型的制度外，也必須從根本上重新檢討轉調員工的用意與意義。

*

而且，不光只有轉調這個問題，身為女性、身為母親，當孩子有個「萬一」時，總是被迫做出左右往後人生的重大決斷。而且，其中不乏孩子患有障礙或重大傷病的情況。

一旦知道孩子患有障礙或重大傷病時，現實生活中大部分的母親都會選擇離職。「僱用動態調查」（平成26年，2014年）顯示，有13．9％的女性離職者因「個人因素」而辭去工作（男性為8．4％）。這項調查原本的提問，將選項分為「結婚」、「生產、育兒」、「長照、看護」以及「其他個人因素」，並請受訪者圈選作答。後續所發表的調查結果，皆以「個人因素」概稱，並未公布詳細事由，不過亦包含了因孩子患有障礙或重大傷病而離職的情況。另一方面，18歲以下居家接受照護的身障兒童與智能障礙兒童人數，據2011年的統計分別為7．3萬人與15．2萬人（內閣府「平成27年（2015年）版障礙者白皮書」），亦是絕對絕對不容忽視的現狀。

即便腦袋理解這都是為了孩子而逼不得已如此，但很多人就像咲子那般，怎樣都拂拭不了「職涯被迫中斷」的念頭。在社會制度等相關環境不夠完善的情況下，根本無法兼顧工作與育兒。當孩子有突發狀況時，為何女性總是得主動辭去工作呢？這個大哉問不禁襲上心頭。

第二話　始於女兒生病的婚姻危機——46歲・兼職人員

與其說是丈夫，倒不如說是胎兒的生父

住在東京都內的澄田友里小姐（化名，46歲），當年36歲在東南亞工作時認識了一名男子並閃電結婚。她與任職於知名製造業公司被外派此地的這名男子，大概當了半年的朋友，就在他任期已滿準備回任之際，友里剛好也辭掉工作暫時回國。雖然接下來打算在越南工作看看，但一想到若不快點結婚，恐怕就會錯過可以生育的年齡而開始覺得焦急。

在這節骨眼，符合條件的人選正好就是後來的老公。他對友里表示「我接下來會成為工廠長，再度被派駐海外」、「有聽到風聲說再來要派我去中國或加拿大」（不過婚後才發現這些全都是謊言）。

結婚2個月後，友里告知夫婿「醫生說受精卵已經在我肚子裡著床了」。兩人原本就是「像朋友般的夫妻」，所以懷孕後，在友里眼中丈夫不過就是胎兒的生父，但丈夫對胎兒可謂漠不關心。當友里得知自己懷孕後，自然而然想到「不知寶寶能否健健康康地出生？」而擔心起胎兒的發育情況。以為丈夫應該也是跟自己一樣的心情，但他只是不甚在意地表示「我很健康，所以我的孩子也不會有問題的」，簡直就像不當一回事。

比方說，在懷孕過程中，夫妻倆應該會在溫馨和樂的氣氛下聊到這個話題：「萬一肚子裡的寶寶有什麼異常或障礙的話，我們還是要把他當作心肝寶貝，好好撫養長大」。然而，友里的丈夫卻從未提起這個話題，不禁令她感到疑惑「這人難道一點都不在意腹中寶寶的健康？」還是他以為大家只要懷孕就能生下健康的嬰兒呢？

當時年過35歲，已屬高齡產婦的友里，十分在意染色體異常機率會隨著高齡懷孕而增加這件事。

日本婦產科學會、日本婦產科醫會的「婦產科診療指導方針——產科篇2014」指出，約有3～5％的胎兒出生時帶有某方面的異常。箇中原因相當多元，據悉染色體異常約占胎兒疾患的25％。

儘管感到擔心，友里總是想像著即將來報到的寶寶，思考要取什麼名字，但丈夫完全不表示任何意見，老是一副事不關己的態度。彼此對家族添新成員這件事的心態截然不同，是友里最先感受到的婚姻溫度差。而這個溫度差則令她感到死心「算了，我打從心底無法接受這個人！」起初雖然覺得再有一個孩子也不錯，但如今已不再存有想生下「這個人的骨肉」的念頭。

形單影隻地照顧病重的女兒

產後不久，友里便以東京都內為目標，尋找下一份工作，並獲聘成為霞關中央行政機關臨時人員。她拋下當時正在北陸地區工作的丈夫，帶著女兒回到東京娘家開始上班。這份工作契約到期後，以前待過的貿易公司詢問她有無意願成為約聘人員。在這間公司從約聘轉為正職者亦不在少數。友里認為這是一大機會，滿懷期待地重回老東家的懷抱。

然而，才剛上了2、3天班，女兒便出現發燒狀況，友里本以為是感冒而將孩子帶往診所就診，但情況卻很不對勁。她頓時有種不好的預感「這似乎不是普通感冒所引起的」。

後來前往醫院接受超音波檢查時，醫師發現女兒的心臟出了某些問題，在其轉介下，隨即被緊急送往大學附設醫院，接受專科醫師的診察。折騰了好幾個小時後，才得知女兒患有心臟方面的重大疾病。

「必須接受心臟移植手術才能保住性命。」

聽到醫師這番話，友里壓抑住快要崩潰的情緒，勉強打起精神，直覺想到「接下來得跟時間賽跑，或許根本不應該工作」。她當機立斷致電公司，只能據實以告「明天開始沒辦法去上班了。」

醫師安排女兒住院，以便進行更精密詳細的心臟檢查。友里日夜陪在女兒身邊，不斷查找有關其疾病的資訊，相對於此，丈夫卻將一切丟給友里和醫師做決定。即便聽到友里聯絡目前的情況「醫生說還要做3項檢查」，也只是漫不經心地回應「是喔？」

這態度令友里覺得「狀況明明很危急，這個人卻什麼都沒聽進去。這種老公，不要也罷！」

大學附設醫院的兒科病房於晚間9點熄燈，善解人意的護理師總是默默允許友里待到晚間10點。友里總是看到女兒入睡後才依依不捨地離開醫院，回程再順道繞去超市買菜，為丈夫做飯。在如此艱辛的時刻，丈夫似乎依舊以為回到家就有現成的飯菜可吃。

某天晚上，剛出了醫院，身心極度疲勞困頓的友里撥了通電話給丈夫。

「我先去超市買菜再回家。」

友里內心期待丈夫能說「那我自己煮烏龍麵就好」或是「那我在外面吃一吃就好」，但得到的回答卻是「那就簡單煮一煮就好，麻煩妳啦」。

實在令她忍不住感到火大。

後來丈夫總算良心發現，表明「以後只要是我自己有辦法處理的事，我就自行解決」，言猶在耳，但隔天……

「友里，我要跟妳說一件很重要的事，妳先坐下。」丈夫一臉誠懇地喚著友里。還以為是什麼事呢，結果居然是「浴室的洗髮精用完了」。

——蛤！你是白癡嗎？這種事你沒辦法自行處理?!

兩人在家時，友里焦心地忙著上網查女兒的病症，丈夫卻看著搞笑藝人的綜藝節目，樂不可支地說著「那個藝人換髮型了耶，哈哈哈～」。

不知自己已被徹底冷落的丈夫

無法得知女兒還剩多少時間而感到心煩不已的友里，為了徵詢第二意見遂前往另一家大學附設醫院請益。她苦苦追問「我女兒還能活多久」所得到的答覆是，頂多半年。孩子都已命在旦夕了，但丈夫一回到家就是立刻去洗澡，接著看著電視節目笑個不停，然後等著友里做好飯菜。

——真恨不得拿你的心臟來換女兒的！

友里總是忍不住這麼想，每天都會萌生想殺夫的念頭，就連看到他那張臉都覺得厭惡到極點。

雖然希望在女兒出院後，一家三口能和樂融融地笑著共度僅剩的時光，但跟這個腦袋空空的丈夫根本話不投機半句多。「不要再嘗試跟這個人溝通了，乾脆放棄，不要理他」從此只有在必要時才簡短交代一下傳達事項。

半年後，所幸女兒仍得以保住小命。丈夫此時還不知死活地表示「友里，這陣子妳都沒再念我了耶，看來心情不錯喔。」友里只覺得無力「原來這人還沒察覺到自己早被徹底冷落了」，也難怪她對丈夫起殺心的頻率會愈來愈高。

不只如此，丈夫還做了一件很要不得的事——在女兒住院期間一聲不響地離職。回想起來，他總是嚷嚷著「想轉職、想更上一層樓」。然而，他卻辭去通常不會輕易放棄的一流企業職務，轉而在住家附近的工廠上班。

——這根本就是更下一層樓吧……。

友里因為女兒生病的事已經夠焦頭爛額，也實在無暇理會丈夫的所作所為。

雖未親口問過丈夫的薪資，不過從扣繳憑單便能算出實領金額大約300萬日圓。「在我全力拚工作的時候，薪水可是這個的2倍耶。當初應該繼續工作，而不是選擇離職」。思及此，友里心中就會生起一把無名火。

也不是沒考慮過請丈夫當主夫，由自己來工作賺錢養家，但他無法好好照顧女兒。就連每天必須服用的心臟病藥物也能忘個一乾二淨。要求丈夫「至少倒一下家裡的垃圾吧」，反被抱怨「為什麼是我」。在那當下，友里心中只浮現「去死」兩個字。

——那你究竟能做什麼啊……？

在女兒住院3個月的這段期間，友里從某個時刻開始覺得「這傢伙根本不配做父親」，乾脆改稱丈夫為「大叔」。現在就連女兒也叫爸爸「大叔」。外出時以及在奶奶面前，女兒會小心說話，不會以「大叔」稱之，但爸爸兩個字卻叫得結結巴巴很不自然。

當然，友里也想過離婚，之所以無法下定決心是因為心裡明白，單親又要工作又要養育生病的孩子有多困難。

患有心臟病的兒童得到傳染病時多半容易變重症，友里總是悉心照顧女兒，避免讓感冒等傳染性疾病有機可乘。女兒持續服藥進行治療，已超出當年醫師所宣告的剩餘壽命，順利成長就讀小學了。友里因為受不了必須與六日在家的丈夫相處，為求心靈平靜而找了個差事，眼不見老公為淨。對於從前任職於大型綜合貿易公司，熱愛工作的友里而言，勞動這件事本身令她感到快樂，光是想到「我又開始工作了！」便覺得心情舒暢。

雖說是兼職人員，但正式上班後有時還是會突然需要加班。為了因應加班與家長會開會等狀況，友里前往區公所洽詢，看能不能將女兒送到立案認證的安親班，但承辦人員表示「您女兒有心臟病，我們沒辦法收」直接予以回絕。

現在友里在醫療機構兼職，擔任掛號人員與助理，由於就讀國小的女兒放學後沒有課後照顧班可以去，所以友里只能工作到下午1點。若能再多工作個1～2小時到下午2～3點的話，找起工作來也會有更多選擇。然而，就連這點心願都因為安親班拒收女兒而無法實現，所以在這種情況下根本沒辦法離婚。

單身時期，就算只是派遣員工，時薪也有1800日圓，現在的時薪卻是950日圓，而且自己還認為這樣的待遇已算不錯時，就會覺得好可悲。即便友里必須照顧生病的孩子，1週只能上2天3小時的班，現在服務的機構也願意通融，而且兼職人員之間會互相照應，臨時需要請假時會幫忙換班與代班。如此令人感恩的職場環境令友里獲得救贖。

想在七五三節為女兒留下精美紀念照，但是去照相館拍攝得花好幾萬日圓、想買台電動腳踏車好載著女兒到處去，但少說也要10萬日圓。這一切都沒辦法靠丈夫的薪水消費，得用自己的錢來買。所以，為了省錢，友里會先做好飯菜再出門上班，但丈夫卻帶著女兒外食，而且還忘了盯女兒吃藥。詢問女兒「大叔今天有好好表現嗎？」女兒回道：「大叔他喔，就是一直睡耶，完全不管我，所以我只好自己一個人玩。」

喂喂喂，就連妻子短暫出門上班這段時間都無法好好顧一下小孩嗎？這樣她根本無法放心出門。

友里將「你怎麼不去死一死」的想法藏於內心，至今仍忙於兼職工作與育兒，努力過好每一天。

第三話　好高騖遠的丈夫與永無止境的家庭戰爭——39歲・主婦

宛如地獄的每一天於焉展開

報章雜誌與電視節目等媒體，針對亞斯伯格症候群或ADHD（注意力不足過動症）進行專題報導的次數日漸增加。實際上，因為夫妻之間的溝通不太順利，而懷疑「搞不好我老公就是……」的妻子似乎也不少。

住在埼玉縣的野村貴子小姐（化名，39歲），對於丈夫令人費解的行為，曾懷疑「莫非是亞斯伯格症？」

貴子現為全職主婦，婚前所任職的公司，工作量大到得三天兩頭搭末班電車回家的程度，一直處於「再這樣下去可能會死」的過勞狀態。她在結婚前曾因為擔心身體狀況而在婦產科做檢查，結果發現有排卵障礙的情況，並被醫師宣告，若不進行不孕治療的話會很難懷孕。

貴子以結婚為由，覺得「總算可以走人了」而辭去工作。離職大概2個月後就發現自己自然懷孕了。原本她還打算找下一個工作，完全沒有心理準備，不過懷孕期間與許久未見的朋友見面吃午餐聊開懷，日子倒也過得舒心。

年長7歲任職於財務體質健全企業的丈夫，宛如一張「績優股」，而且打掃洗衣樣樣行，個性也很溫和。然而，終究還是出了差錯。

貴子娓娓道來「置身地獄的每一天」。

地獄生活則始自懷孕初期。

因腹中胎兒的存在而感到幸福喜悅的時光並未持續多久，丈夫突如其來地嚷著要買房子，並帶貴子造訪位於神奈川縣私人經營的房屋仲介公司。該公司辦公室坐落於公寓內，看起來就很可疑。業者向他們打招呼「還請多多指教」後，丈夫便當場支付了疑似是訂金的數十萬日圓現金。貴子感到瞠目結舌「這究竟是怎麼回事？？？」丈夫只說「放心交給這個人處理，我們很快就會有自己的家了」沒再多做任何說明。

感到事有蹊蹺的貴子，為了找尋線索翻遍家中所有房間，結果發現丈夫所偷藏的一本書。看樣子，他似乎打算找土地蓋一棟可以自住兼收租的兩用宅。過沒多久後，該房仲寄來了東京都內的房地產資訊，丈夫一邊翻閱一邊氣定神閒地對貴子說「我們去看這塊土地嘛。」

「你先等一下，如果要蓋房子的話，應該打從一開始就讓我參與吧。而且，我從未說過想住在東京都內這種話。之前就跟你提過，我媽獨居所以我想住在娘家附近，彼此也有個照料。你先好好解釋一下自己究竟打算做什麼再說。」

但無論貴子說什麼，丈夫都聽不進去。萬一丈夫失心瘋亂作主買下土地，那可就不妙了，因此貴子只好挺著大肚子跟著丈夫一起去看土地。

丈夫的土地尋覓計畫因孩子出生而暫告一段落，經過半年後又故態復萌。「別再亂搞了」、「告訴我你究竟想做什麼」，無論如何追問，丈夫只會說「就是是想賺錢而已」。查看他偷藏的那本書所刊載的教戰內容：先蓋房子，然後拿去抵押貸款，收購大規模的套房型集合住宅，接著輕鬆賺進數億日圓。思及丈夫過去曾玩股票虧損數百萬日圓，貴子瞬間領悟，是他的老毛病又發作了。在孩子快滿1歲時，她發現了一張丈夫的「計畫表」，當場發飆「你開什麼玩笑！」但依然氣憤難平，乾脆離家出走好幾天。丈夫不明白貴子餘怒未消，還一派悠哉地問道「妳什麼時候要回來呀～？」

丈夫的暴走行徑愈發不可收拾

兩人因為不動產問題而爆發激烈口角，甚至吵到需要報警處理的程度，但隔天丈夫卻一副沒事人的樣子，還開口邀約「既然已經買好土地了，要不要一起去看新家用的家具？」令貴子感到不寒而慄。

房仲所介紹的房子，無論怎麼看，都像是砍價發包給營造商搭建的品質。之後，透過房仲介紹的二級建築師雖帶來了設計圖，但別說是建設費用的報價單了，就連預定建設時程表都沒個影。後來基礎部分好不容易完工了，結果工程居然停擺。

在這段期間，建築師的事務所跟著倒閉，儘管房仲找到另一家營造商接手，但依舊很可疑。過了不久後，這間廠商也「關門大吉」。聽說是因為資金周轉不靈導致的。

最後花了超過1年的時間才蓋好新家。坐落於從車站徒步10分鐘可達的地點，鄰近鬧區。周邊老屋密集，萬一哪家發生火災的話，感覺這一帶都會被燒個精光。地層不甚牢固，每當電車行經附近的軌道時，就會引起堪比二級地震的搖晃。住家為三層樓建築，但螺旋梯卻未連接至玄關門乃一大敗筆。由於中途換了施工業者，東拼西湊地搭建完成，簡直就是所謂的缺陷住宅。

丈夫沒考慮到自己已年屆45，完全被銀行牽著鼻子走，以全額貸款30年期的方式攤還本金５０００萬日圓。每個月得繳納15萬日圓，比原本住的公寓租金還要貴。丈夫將建物中的兩間套房出租，每個月的房租收入為11萬日圓。雖然如此，並不保證一直會有房客承租，而且還得負擔維修費，所以房租收入實質上為左進右出，一毛不剩的狀態。

貴子因為不動產的事而揚言離婚的次數已多到數不清。即便她抱著孩子，大聲地質問「對你來說，我們跟錢究竟哪一個比較重要！」丈夫也只是沉默不語。

面對丈夫的這種態度，貴子覺得「自己愈來愈不正常」，有天憤而失控捶打牆壁，結果弄出一個破洞。丈夫不明白他人的心情，卻很討厭東西被破壞，兩人因而爆口角互相拉扯，導致貴子撞上牆壁，在牆面留下刮痕。比起貴子是否受傷，丈夫反而比較擔心牆壁的狀況。

丈夫是亞斯伯格症？

由於丈夫總是不理解他人的情緒，因此貴子強烈懷疑「莫非是亞斯伯格症候群？」

亞斯伯格症候群是指，難以與他人溝通和缺乏想像力的「廣泛性發展障礙」之一，具體而言，若在①與他人建立人際關係、②進行溝通交流、③想像力與創造力，這三項領域發生障礙時，便符合診斷標準。①與他人建立人際關係指的是，與他人在一起時，懂得應對進退。②進行溝通交流是指，懂得將自身的想法表達給對方知曉，以及能理解對方想表達的內容。③想像力與創造力據悉與玩假扮遊戲、表徵性遊戲的能力和固執行為有關（節錄自東京都自閉症協會網站）。

又如《理解成人亞斯伯格症》（暫譯，梅永雄二著，朝日新書出版）一書，援引了研究發展障礙的心理學家烏塔・弗里斯（Uta Frith）所列舉的亞斯伯格症候群特質：▽能確實完成規劃好的事項，另一方面，無法持續與對方建立親密關係。▽狂熱探究感興趣的事物，具有極度沉迷的傾向，若有環境能發揮所長時，也有可能獲得極大的成就。▽無論對方是否已經聽過，熱愛陳述自身感興趣的事物……等。

貴子試著做完雜誌上的測驗量表，覺得丈夫正是亞斯伯格症。小孩接受地方自治單位所舉辦的1歲半健檢時，也被指出疑似患有亞斯伯格症，這件事更加深了貴子的疑慮。

倘若丈夫當真患有此症，應該必須讓他接受適切的治療吧。然而，專家亦認為，要讓當事人本身接受這項事實的難度其實相當高。

透過後續檢查排除了孩子患有此症的疑慮，丈夫在工作方面亦沒有出現任何問題，因此貴子就此打住，未再繼續追究。

然而，貴子的苦日子仍持續不斷。1年365天，她無一日不在心裡暗咒「去死啦混蛋」。與丈夫根本溝通不來，而她總是被氣到發燒，1個月當中沒有1天是安然無恙的。結果反倒是自己被不曾平息的怒氣搞到不死也剩半條命。

失控行為與虐待孩子無異

後來貴子因為壓抑不住怒火，動輒亂丟東西出氣或用頭撞地板洩憤，因而開始在婦科與精神科診所就醫。有時也會遷怒孩子，甚至忍不住動手。察覺到這樣的行為是在虐待孩子後，貴子便偕同丈夫與孩子前往兒童諮商所尋求協助。

據厚勞省統計，行政機關經手的兒童虐待諮詢件數年年增加。2014年度（速報值）為8萬8931件，創下歷史新高。虐童情況主要集中在「身體虐待」、「心理虐待」、「疏忽照顧」這三項，各占3成比例，「性虐待」則占個位數百分比。

兒童諮商所的輔導人員建議「不如考慮搬家，您覺得如何呢？」丈夫則沉默不答。最終丈夫雖然不情不願地答應搬家，卻又衍生出另一個問題：已經安排好小孩要念的幼兒園了。住家一帶大多是專攻小學入學考試的幼兒園，會排定許多制式課程供學童學習，所以貴子費心地在附近找到了重視自由教育的幼兒園。孩子因為父母時常爭吵已受到不小的影響，所以貴子認為，讓孩子就讀尊重學童個人意志的幼兒園才是最好的選擇，因而忍痛放棄搬家。

孩子從出生到現在總是置身於雙親意見不合互相怒吼的環境裡，貴子一想到就覺得既愧疚又心痛。她深自反省，這無異於心理虐待。不知是否因為心神不安的緣故，孩子對周遭的各種情況總是毫無反應。其他小朋友邀約玩耍，孩子卻呆若木雞。與其年齡相仿的小朋友們玩得興高采烈，又跳又叫，但孩子卻無法加入其中，只是抱著貴子的大腿一步都不肯離開。

貴子終究沒有離婚。畢竟已對孩子造成精神虐待，不願再擴大其內心的傷口。離婚代表原本朝夕相處的家人分崩離析，所以她不想破壞孩子心目中的完整家庭。雖然無法原諒丈夫，但孩子是無辜的。一想到「再糟糕，也是這孩子的父親」時，儘管心裡覺得丈夫乾脆死一死算了，仍舊無法毅然離婚。孩子開始上幼兒園後，漸漸願意表達出自身的情緒。若能順利跨越這道障礙，說不定就能變得跟其他小朋友一樣，既然如此的話，就得好好想想，該怎麼做才能讓全家和樂融融地生活在一起。貴子決定如此轉換心態與想法，一切都是為了孩子。只要將丈夫視為他人，不抱任何期待就好。

錯就錯在隨便找個對象結婚？

孩子似乎是喜歡父親的。由於貴子原本打算生產完後就要立刻再找工作，因此從一開始便讓丈夫意識到，他也必須分擔家務與育兒大小事。除了親喂母乳這件事以外，平時便請丈夫確實參與家事以及幫忙帶孩子，因此孩子跟爸爸很親。對孩子而言，這人是個好父親。貴子認為不能灌輸孩子「你爸是個爛人」的觀念，只得按捺住內心蒸騰的怒氣，告訴孩子「爸爸是很在乎你的喔」。另一方面，在心裡卻總是反覆咒丈夫千萬遍「去死！」

——追根究柢，當初千不該萬不該跟這人結婚的。

使盡全力對丈夫狂吼「你去死啦！」的情況早已不知上演過幾百回。曾經因為吵架吵到氣不過而掀翻桌子，也曾砸爛聖誕樹把家裡搞得一塌糊塗，但就連這種時候，丈夫仍舊沉默不語，一臉漠然。

當初因為年過30，覺得這人「收入穩定」而選擇結婚，或許根本就是不對的。貴子覺得自己似乎也有錯。

其實她還想再生一個孩子，但因為爆發房地產投資問題，產後與丈夫已不再有肌膚之親。遇到丈夫求歡，她會直接躲開，警告「別碰我啦」徹底拒絕。也曾被婆婆問到「何時要生第二胎？」她只覺得「說什麼蠢話」。丈夫搬出「無性生活可以訴請離婚」的主張，但她既不想碰他，也不想被碰。就連跟他用同一雙筷子都無法接受。靜下心來好好思考一下，丈夫對她來說究竟是何種存在？就只是室友？如今她已改稱丈夫為「大叔」，完全把他當作老頭對待。

——唉，如果那傢伙能早點死的話，或許還有機會跟其他男人重新展開人生。不，早就被那傢伙害得身心俱疲，整個人燃燒殆盡，哪裡還有談戀愛的力氣。我的心已經乾涸枯萎了啊。

——唉～，如果能回到結婚前，重新來過該有多好。只能安慰自己，一切都是為了與心肝寶貝相遇才跟老公結婚的，否則根本撐不下去。

貴子原本預定產後不久就要開始找工作，重回職場，卻因為丈夫的房地產投資問題而身心重創，求職計畫也因而告吹。如今陷入身心被掏空的憂鬱狀態，再無餘力思考任何事——。

*

查閱社人研「第14回出生動態基本調查」的「關於結婚與生產之全國調查 單身者調查」，「女性所擬定的生涯規劃」（基於實際考量所做的規劃）項目中，「全職主婦」僅止於1成左右。相對於此，在「女性的理想生涯規劃」項目中，「全職主婦」約占了2成的比例。也就是說，若經濟狀況許可的話，每5位女性就有1人考慮成為全職主婦。

這樣的結果與勞動市場條件不無關聯。尤其是對1970～80年出生，正好在就業冰河期出社會的女性而言，無論是否為正職員工，婚後要在養育孩子的同時繼續工作，皆必須面臨惡化的勞動條件。

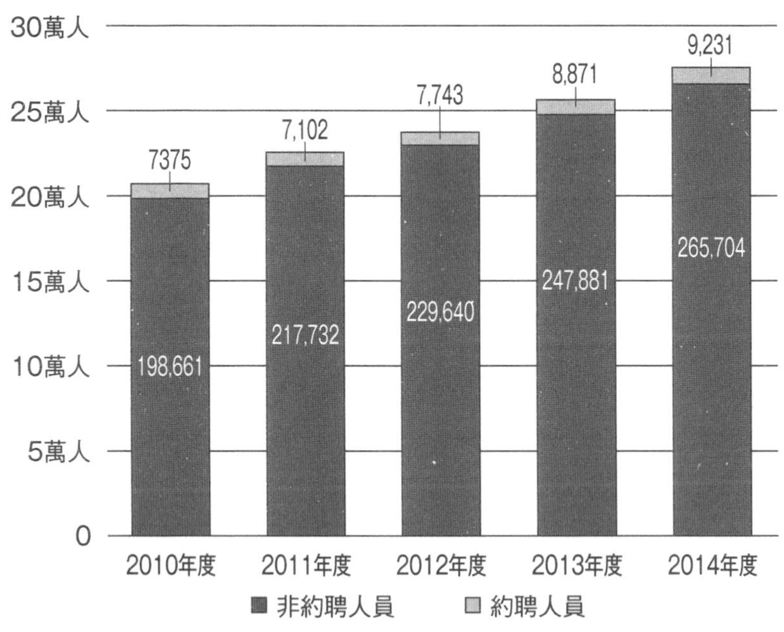

［圖 2-4］ **首度請領育嬰留職停薪津貼之人數變化**

出處：根據厚生勞動省資料製表

25歲～34歲正處於所謂的黃金生育期的女性，非正職的比率高達4成，然而她們要取得育嬰假，實際上則近乎不可能。據厚勞省統計，首度請領育嬰留職停薪津貼的人數，整體為27萬4935人，其中非正職員工僅9231人，只占整體的3．3％（圖2－4）。既然無法請育嬰假，產後即等於失業，也只能暫時成為全職主婦。

內閣府「男女共同參與白皮書」（2014年版），曾針對「結婚後，丈夫應在外工作，妻子應在內守護家庭」的這種觀念進行調查，詢問單身男女受訪者是否同意此看法。結果顯示，愈年輕的世代，以及教育程度愈高的族群，贊成此言的比率愈低。男女之間的意識差距或許可說已逐漸縮短。

然而實際上，即便是年輕世代，若男性具有強烈的傳統性別角色觀念，那麼自願成為全職主婦的妻子也一定開心不起來。畢竟這就跟昭和時代高度成長期的夫妻檔沒兩樣。

第四話　名為兩代同堂住宅的牢籠——34歲．主婦

「是妳自願成為主婦的耶！」

原本在餐飲店服務的神野理惠小姐（化名，34歲），出自「想專心持家與帶小孩」的考量，於25歲結婚時辭去工作。年長3歲的丈夫為居酒屋店長，由於店面從午餐時段營業至深夜，所以丈夫總是一早出門直到深更半夜甚至凌晨才下班回家。而且六日還必須開會所以也不在家。丈夫因此變成將家事與育兒全丟給妻子處理的大男人。

理惠在27歲、29歲、32歲時懷孕生產，3個孩子都是男孩。目前就讀幼兒園的二寶

與2歲的小兒子最不好帶，兩人只要湊在一起，就會為了一點小事互相較勁，鬧到哭天喊地。老大已上小學，下課回來後還得幫他看作業。

在老三剛出生時，理惠要獨自幫3個小孩洗澡也實在折騰。一手將寶寶夾在腋下，一手幫二兒子洗身體時，大兒子便趁她不注意，對著浴缸探頭探腦，接著整個人跳了進去，還差點溺水，令她嚇出一身冷汗。

外出散步或買菜也是困難重重。將寶寶安置於嬰兒推車，讓兩個小哥哥用走的，但走到一半其中一人若不是吵著坐嬰兒推車，就是要求抱抱。「媽媽如果抱你的話就沒辦法推嬰兒車，用揹的好不好？」孩子有聽沒有懂，問了也是白問。

理惠有時忍不住對丈夫發脾氣，「你好歹也幫一下忙吧！」但他只說「是妳自願成為主婦的耶，這些事當然該由妳來做啊，我賺錢回來很累耶。」然後一個人在家喝著啤酒悠哉放鬆，終極手段就是裝睡。

這樣的狀態直到某天理惠發了40度的高燒，才稍微有所改善。丈夫為此盡力調整工作時間，幫忙看孩子，但只帶了1～2個小時便宣告投降。後來在過年親戚齊聚一堂時，丈夫突如其來地在眾人面前表示「理惠妳也很辛苦，不如就請我爸媽幫忙吧。也是時候該買房子了，反正都要花錢，不如就蓋二代宅吧。」

理惠尷尬到臉快抽筋的程度，但還是努力按捺情緒，擠出笑容「這樣感覺也不錯呢」決定先用場面話來搪塞，公公與婆婆聞言秒回「哇～好開心喔！」興高采烈地討論起來。理惠一心只想擋下這件事，但過完年後，丈夫的父親竟帶著1000萬日圓的鉅款找上門來。這下再也無法推辭了。兩代同堂住宅隨之落成，就此展開與公婆同居的生活。

你們可不可以行行好結伴一起離開人世啊

理惠的負擔反而愈來愈重。由於新家只規劃了一間廚房，所以炊事變成由她負責，但婆婆老是對菜餚味道嫌東嫌西，還會擅自加調味料，實在很討厭。另一方面，希望公婆可以「幫忙顧孫」的期待也幾乎落空。公公婆婆身體都還很硬朗，生活以休閒興趣為優先。丈夫依舊超長時間工作，往往不在家，又要帶孩子又得伺候公婆，令她感到快窒息。

然而，丈夫卻渾然不察理惠的心情，一回到家就是喝著啤酒發出滿足的喟嘆。跟丈夫抱怨個幾句，婆婆就會立刻插嘴表態「他拚命工作一整天已經很累了，這點小事就原諒他吧」轉而對理惠說教。看到天空飄起雨滴，衣服還曬在外面時，只會高分貝嚷嚷「理惠，下雨了耶」，氣得理惠暗自嘟噥：那妳是不會自己收進來喔。

——天啊，丈夫、婆婆與公公可不可以行行好結伴一起離開人世啊。

蓋了這棟二代宅，演變成上有公婆，下有3名幼兒得照顧的局面，就算是全職主婦也完全吃不消，搞到每天都快胃潰瘍。

幸好，現在大兒子已經懂事會幫忙做家事跟照顧弟弟。理惠則懷抱著「絕對要將孩子們教育成優質好男人」的夢想，讓自己重新振作起來。

*

在筆者剛開始針對勞動問題進行取材的2005年，強力推動放寬勞動法制的八代尚宏先生（時任日本經濟研究中心理事長）曾如此表示：

「在低成長、人口減少的少子化社會，雙薪夫妻將成為主流，只有菁英上班族才有能力供妻子成為全職主婦。今後，全職主婦將成為一種社會地位象徵。」

在經過十幾年後的現在，雙薪家庭的數量從2005年的988萬，增加至2014年的1077萬，單薪家庭的數量則從863萬減少至720萬。兩者之間的差數大約增長了3倍。

不是遭到「懷孕解僱」，而是因為經濟條件優渥沒必要工作，自願成為全職主婦的情況確實並不算多。有鑑於此，如同八代先生所預想般，全職主婦會成為一種社會地位象徵也不無可能。只不過，她們真的都過著幸福快樂的日子嗎？

第五話　貴婦面具下的真相——39歲・主婦

與社會菁英結婚而辭去工作

住在東京都內黃金地段的田川明日香小姐（化名，39歲），是一位全身上下都是名牌，散發著幸福氣息的全職主婦。即便只是倒個垃圾也會化好全妝才來到玄關外。每日都與緊黏著自己不放的4歲孩子共度一整天的時光。她那炯炯的眼神彷彿強調著「你看，你看，我好幸福喔」而令人感到難以親近，但這其實是對外展現的面貌，在家則過著天差地別的生活。

任職於貿易公司的丈夫無比忙碌，即便是六日也幾乎都要工作。陪打高爾夫的應酬又多，假日在家的次數，1個月頂多只有1、2次。婚前與丈夫同公司為一般內勤人員的明日香，在27歲時與年長10歲平步青雲前途看漲的夫婿共結連理。可謂覓得既完美又理想的好歸宿。

然而結婚後，丈夫簡直將明日香當成傭人般使喚。只要在家中發現一點灰塵，就會做出以指腹擦取的動作，質問「這是什麼？」儘管如此，想到自己風光地住在人人稱羨的市中心精華區的透天厝裡，就覺得一切都可以忍耐。

雖然想早點有孩子，但丈夫經常不在家，對做人這件事也一點都不積極。婆婆曾數度詢問「何時才能抱孫啊？」甚至對夫妻倆的房事置喙「妳到底有沒有在努力呀」。將這些事告訴丈夫，他卻直盯著電腦或報紙，假裝沒聽見。明日香隱約感覺到老公似乎在外面搞外遇，但選擇睜一隻眼閉一隻眼。結婚7年後，才終於有喜。

女兒出生後，在菁英家庭長大的丈夫突然對教育變得很熱衷，從0歲便開始讓女兒學英文。2歲學達克羅士音樂節奏、3歲學鋼琴與芭蕾。他總是對照育兒書與育兒網站的內容，若發現女兒的發育比月齡參考標準還慢時，便會痛斥明日香「妳這媽是怎麼當的啊？又沒在工作，應該有大把時間教小孩才對啊。」後來甚至主張「妳只念到短期大學畢業，女兒該不會像妳一樣腦袋不靈光吧」，她只能道歉表示反省「對不起，我會更努力教孩子的」，儘管在內心咒罵「你這個混帳」，卻對丈夫高壓強勢的態度感到忌憚，敢怒不敢言。雖然覺得「吼，嘔死了！」但為了顧面子也無法對朋友吐實。

漸漸地，只要在附近的公園看到與女兒年齡相仿的孩子，明日香就會好奇地頻頻打探「阿姨問一下喔，你已經會寫平假名了嗎？數字呢？」「什麼～你還不會喔，我們家○○

已經會寫了耶～」話一出口她才意識到自己是在挖苦小朋友。儘管明知不應該，就是無法停止與其他孩子做比較。「咦，你還在騎三輪車喔？實在很可愛耶，我們家〇〇膽子有夠大的，已經改騎腳踏車了呢。」總忍不住再三說出諸如此類的言論。

丈夫目前最關心的就是考小學的事。女兒就讀專攻小學入學考的幼兒園，只要成績表現得稍微差一點，丈夫就會開始批評明日香的娘家「都怪妳不會教，妳父母究竟是怎麼教育妳的啊？」諒明日香再怎麼能忍，聽到自己的雙親被講得如此不堪，豈可能不怒。「這根本就是犯大忌吧？」而愈發對丈夫感到憎恨。

以名牌掩飾自身的悲慘

回想起來，丈夫總是不在家，明日香母女幾乎過著如單親家庭般的生活。她為了透透氣想找個兼職工作來做，丈夫卻不允許，直說「我賺的錢應該夠妳花吧」。他極度相信「在孩子滿3歲前，母親最好能專心帶孩子」的「3歲兒神話」，並奉為圭臬。甚至還語帶威脅地強調「孩子還這麼小，居然就想找工作，妳這女人實在有夠狠，還配做母親嗎！」

丈夫可能因為愛面子，會買高級品牌的服飾與包包供明日香穿戴，然而生活費等各種支出則採申請制。想跟媽媽朋友共進午餐會被打回票、想為女兒買個玩具，也得交代目的、效果與價錢，若丈夫判斷沒有教育價值的話也是直接打回票。省吃儉用從丈夫給的生活費中撥出一點錢去百圓商店買孩子喜歡的東西，丈夫發現後卻一臉嫌惡地表示「為什麼要買這種東西」。

在外的面貌與在家的遭遇，落差實在太大，只能倚靠名為化妝和名牌華服的護身鎧甲來隱藏悲慘的真實自我。即便明日香覺得已不想再過這樣的生活，卻持續受到丈夫的箝制，無法掙脫心理上的束縛。

——對喔，那丈夫死掉不就好了。

明日香突然萌生這個想法。

都是丈夫害她的個性變得愈來愈討厭，只有透過與他人比較，確認自己與女兒贏過對方才覺得幸福。簡直就像若不強調自己高人一等便不肯罷休的「心機女」那樣。這讓她十分苦惱，真的還要繼續過這樣的人生嗎？

丈夫對明日香說「我給妳三餐不愁吃穿還能睡午覺的生活，妳應該很幸福吧」一副施恩的嘴臉，但平常忙都忙死了，哪來的時間睡午覺。每當丈夫對女兒的教育挑三揀四時，她就會在心裡吶喊「因為有我在，你才能放心拚工作不是嗎？求求你乾脆死一死吧」。

*

全職主婦往往因為靠著丈夫的「收入」過生活而感到矮人一截，處處忍耐。然而，主婦們所做的各種家務乃貨真價實的勞動，在經濟學上被評為「無償勞動」。

根據日本內閣府經濟社會綜合研究所國民經濟計算部的「關於家事等活動之估算」（2013年），2011年當時的「無償勞動」，也就是從事家務勞動的推估金額為138兆5000億日圓～97兆4000億日圓（金額隨計算方式有異）。女性一年間的無償勞動估算金額與無償勞動時間，皆以全職主婦居冠，各為50兆日圓、3618萬小時。雙薪家庭則分別為38兆5000億日圓、2651萬小時，由此可知，全職主婦擔負了較多的無償勞動。

若以個人為單位進行換算時，男性為51萬7000日圓～29萬2000日圓，女性則是192萬8000日圓～142萬2000日圓。整體來看，女性花費在無償勞動的時間為男性的4．9倍。其背後所代表的意義為，就本質而言，全職主婦也在賺錢。

未曾想過身為全職主婦所貢獻的「內助之力」，被丈夫自以為「是我在養妳」的錯誤認知束縛，而感到喘不過氣的妻子亦不在少數。

從第一章到本篇，筆者介紹了許多因為有孩子而無法斷然離婚的案例。那麼膝下無子的夫妻，情況又是如何呢？即便沒有孩子，也有可能因為經濟因素而無法離異。而且，沒有孩子、經濟獨立卻不選擇離婚，反而盼望丈夫離世的太太亦不在少數。

第六話　想要孩子的妻子與不想要的丈夫——47歲・主婦／35歲・正職員工

不肯給予協助的丈夫

由於丈夫對於不孕治療的態度消極，因而放棄生小孩的加藤直子小姐（化名，47歲）懷抱著滿腔的怨恨。

她與丈夫在同一家金融機構上班而結為連理。身為一般內勤人員的直子就這麼順理成章地結婚離職。當年丈夫30歲，直子35歲，她展現「某大姊」的風範，完美處理所有家事，為夫婿打點好一切事物。丈夫也像隻小貓般對直子撒嬌依賴，新婚生活甚是甜蜜。

在這個時期，丈夫在工作上開始被交付重大任務，幾乎每天都是凌晨才回到家。交際應酬也多，在酒精的作用下，回家一躺上床就直接呼呼大睡，立刻鼾聲連連進入夢鄉。直子雖能理解為了在公司出人頭地，這樣也是身不由己，但經過2年後開始擔心「自己會不會已經快不能生了」。

隨著身邊同事一個個傳出太太懷孕生產的好消息，丈夫亦受到影響想要有孩子。直子未錯過這個大好機會，努力做人，但遲遲無法成功。前往婦產科診所求診後才得知，直子本身有卵泡發育不良、常未排卵的情況，因此需要進行不孕治療。醫師告知「請您的先生也一起來做檢查」，但丈夫顯得沒有意願，就這樣過了半年。好不容易說服他進行精子檢查，結果是正常的。丈夫嘀咕道「噢~幸好原因不在我。」他似乎因為「萬一是自己『沒種』的話該怎麼辦才好」而遲遲不願接受檢查。實際上，不孕原因有半數是與男性有關。

醫師建議當時已38歲的直子「現在連1個月都不能浪費，不如立刻進行人工授精吧。」不孕治療缺少不了丈夫的協助，兩人雖相偕聽完醫師說明人工授精與體外受精的方法，但男方才是實際執行任務者，得在住家或診所取精。也就說，先請丈夫透過自慰方式取得新鮮精子，若打算進行人工授精的話，就必須將之注入直子的子宮內。丈夫在參觀過診所的取精室後，頓失意願，甚至表示「有必要做到這種程度嗎？順其自然地懷孕不就好了。」

生活不虞匱乏卻感到無比空虛

若丈夫沒有意願的話，一切都是空談。直子只好先暫時接受促進排卵的治療，並以推算排卵日的方式嘗試自然懷孕。這項療法必須注射荷爾蒙幫助卵泡發育成熟，接著在排卵時期再注射荷爾蒙促進排卵，但有些人會出現副作用。直子的情況則是感到反胃噁心與暈眩，但她安慰自己「這是必經的過程，就當作是孕吐，忍過去就好了」。然而，努力了大半年，肚皮依然沒有半點動靜。就連醫師都勸告「至少也該從人工授精試起」。

平時總是早出晚歸忙於工作的丈夫，即便醫師指示「請在這天將精子送過來」，也會推託上班會遲到而趕著出門。直子也曾試過將取精杯交給丈夫，默默退出臥室的方法，但丈夫卻一蹶不振，結果只做了1次的人工授精，但依舊未順利懷孕，丈夫直呼「那就算了啦」再也不肯給予協助。在直子39歲時，不孕治療這四個字已徹底從夫妻之間的對話消失。

在這之後，夫妻倆也逐漸不再鎖定排卵日按表操課，丈夫除了工作還是工作。彼此親熱的次數也隨之減少，2～3年後已完全不再有肌膚之親。

「現在40幾歲初產也很常見，所以直到45歲前我還一直無法死了這條心。」直子眼泛淚光地說道。

實際上，根據2014年的統計，40～44歲的產婦為4萬9606人、45～49歲為１２１４人、50歲以上也有58人。透過體外受精方式出生的孩子在２０１０年為２萬８９４５人（日本婦產科學會）。看到這些數據就令直子不由得感到怨懟，但也只能將這些情緒藏在心裡。

除了求子這件事以外，夫妻感情倒是挺融洽。丈夫不斷晉升，年薪也接近２０００萬日圓。兩人住在位於東京市中心的高級公寓大廈，１年還能出國旅行好幾次，過著相當優渥的生活。

然而，直子卻因為沒有孩子而感到缺憾。再如何奢華的生活都無法填補這份空虛。

——最初去診所求診時，我才37歲，如果那時候立刻進行不孕治療的話，應該就會有孩子的。

一思及此，直子不禁認為「我的人生有了天翻地覆的改變」。每當電視節目提到40歲後半生產的話題時，她就會因為「搞不好我還有一絲希望」而感到焦躁不已，但丈夫早就不將此事放在心上，怡然自得地享受著夫妻兩人的閒適生活。

在這種時候，直子就會浮現這樣的念頭：「現在已經沒有能力選擇離婚自立門戶了。而且即將年屆50，應該也沒辦法跟其他人重新來過吧。既然盼不到如此渴望的孩子，那乾脆老公死一死，這樣反而能死心，一解怨氣也說不定」。

愛鬧彆扭，依賴心重的丈夫

刻意選擇不生孩子的頂客族（DINK，雙薪收入，沒有孩子）夫妻，似乎也不見得幸福美滿。高木彩香小姐（化名，35歲）與夫婿（36歲）為典型頂客族，丈夫很愛撒嬌，這樣形容聽起來頗為可愛，實則近似依賴心重的孩子。他在結婚時已30歲，但所有的家事都由彩香一手包辦。衣服堆了好幾天沒洗，只剩1、2件乾淨的襯衫可換時，就會一臉泫然欲泣地表示「沒有衣服可以穿了」。

晚上11點過後，買了便當回到家的彩香獨自用完餐，丈夫這才下班回來，見狀便問「我的飯呢？」又是一副快哭出來的表情，令彩香忍不住火大「啊？都已經這個時間了，你可以自行外食或買回來呀！」總之，無論加班到多晚，丈夫似乎只想在家吃飯，而且不是自己下廚，而是希望彩香幫他準備。若彩香脫口說出「真是有夠煩的！」丈夫就會沉下臉來，害她只能連聲安撫「好啦，好啦，對不起嘛」。

「工作狂」彩香，一直以來都沒特別想要有小孩。一想到必須推掉工作時，有孩子的生活反而令她感到躊躇。丈夫也沒特別渴望有孩子，總是散發出「只要能跟老婆在一起，我就心滿意足了」的氛圍。彼此之間對於此事的看法一致，「如果有一天真的想要孩子的話，那就到時再考慮」。而且，對彩香而言，老公本身就是個大孩子，「光是照顧他就已經夠吃不消了」則是她真實的感想。為了照顧別人導致自己的工作時間被剝奪，這種事她是斷然無法接受的。

丈夫揚言「要當全職主夫」……

這個依賴心重的丈夫，總之就是非常難搞。在彩香的年薪超過丈夫一年總所得的500萬日圓時，他鬧起彆扭表示「反正妳一定覺得我是個沒用的男人吧」，好幾個星期都不跟老婆說話。在彩香薪資上漲的時期，丈夫在工作上似乎遇到了挫折，因而開始把「我想乾脆當全職主夫」這句話掛嘴邊，感覺隨時真的都會辭職不幹。

——喂喂喂，你也行行好，雖說我的收入有增加，但也還不到可以養你的程度好嗎？

費盡唇舌好不如容易才讓丈夫打消念頭。兩人外出用餐時，只要彩香打算點菜單內價位比較高一點的料理時，丈夫就會酸溜溜地表示「彩香是有錢人，所以敢點貴的，好羨慕喔。」原本彼此會輪流付款結帳，但現在他卻以「我又沒錢」為由，耍賴不再支付一毛錢。每當丈夫看到彩香買了新衣服或包包，得知這些都是名牌貨時，就會耍陰沉自嘲「好好喔，哪像我只買得起UNIQLO。」

彩香不爽回應「幹嘛這樣，你有意見嗎？煩耶」，丈夫就會鬧脾氣搶白「對不起喔，我這老公就是不爭氣。」

彩香忍不住脫口而出「與其這樣彼此折磨，倒不如離婚算了」，話聲甫落丈夫秒回「我的人生已經完了，就讓我以死謝罪吧」。隨即奔向陽台打算縱身一躍尋短。彩香拚命勸說「別開這種玩笑！」經過一番安撫後總算讓他冷靜下來，不多久又原形畢露。經過這件事後，彩香開始覺得「雖不願老公自殺，但真心希望他死掉，實在有夠煩人的」。

也差不多到了該買房子為後半生做準備的階段了，但彩香卻苦惱地表示「應該還是會想辦法離婚吧。可是我怕一提離婚，他又要鬧自殺，那可就不好辦了。」「最後就是出自一份情吧，畢竟他實在像個孩子，無法拋下他不管。」彩香苦笑道。

第三章

不要老公也罷！恨入骨髓的嬰兒潮世代妻子

期盼丈夫死掉的這種想法並非年輕氣盛使然。瑞可利（Recruit）婚姻總研所進行的「夫妻關係調查」（2011年）指出，婚姻最大的危機會在40多歲時出現，調查結果顯示，許多伴侶會在此階段面臨離婚這個轉捩點。根據2015年所做的同一調查，就全年齡層來看，「曾經想過離婚」的妻子比率為27%，超出丈夫的16.1%。

對於育兒時期所衍生的夫妻嫌隙、溫度差、誤會、齟齬等情況置之不理，就這麼過了40歲、50歲，接著來到丈夫屆齡退休的階段時，夫妻之間的關係會面目全非到令人背脊發涼的程度。

第一話　社團寡婦的悲嘆——40世代・教師

每天的生活都以社團為中心

在現今的日本教育界流傳著「社團寡婦」這個煞有其事的稱呼。若丈夫當老師並且負責帶運動社團，而且還是強校校隊的顧問時，指導社團活動將占去其所有生活時間，經常不在家。

居住在冬季積雪甚深的地區，本身也是老師的佐藤明子小姐（化名，40世代）嘆息道：

「我原以為最有可能成為社團寡婦的，是獨自包辦所有家務以及育兒大小事的全職主婦。想不到像我們這種兩人同為教師的雙薪夫妻，也會面臨丈夫為了社團活動鞠躬盡瘁到幾乎沒有家庭生活的地步。」

明子的夫婿為某高中硬式網球社的知名總教練，在當地無人不知無人不曉。同事當中也有把社團看得比命還重要的男老師，但他們的太太都是全職主婦。

明子在28歲時與任職於同一所高中，年長7歲的丈夫結婚。丈夫後來異動到其他高中任教，受命擔任硬式網球社顧問，隨著該校隊打入全國大賽躋身強隊之列，而更加熱衷指導學生。

丈夫在30幾歲時，每天的生活都以社團活動為中心，平日下課後要指導學生練球，結束後還得備課，往往晚上10點過後才下班回家。假日也是一刻不得閒，由於必須遠征打練習賽，早上6點從家裡出發，依舊要到晚上10點過後才會回到家。雖說明子也經常加班，不過丈夫是連黃金週都得帶學生出賽、盂蘭盆節連假則要集訓，只有除夕到初三這幾天休假而已。

這樣的生活叫人如何過得下去！

孩子出生後，明子與丈夫的母親同住，1年全家若能一起出遊個1～2兩次就算不錯了。明子有時會因為學校活動而在平日補假，但自從與婆婆同住後，因為覺得不自在也不敢整天待在家。其實她真的累到全身無力，又怕婆婆叨念「既然放假在家的話，家事就由妳來做吧」，所以會乾脆外出佯裝上班。

由於丈夫忙於社團活動不見人影，所以明子在假日也是偽單親。去公園遛小孩就會看到別人家的父親陪著孩子玩得不亦樂乎，相信這些家庭的媽媽們應該會趁這段時間做做家事，出門買買東西透透氣吧。在天氣和煦的日子，還會看到全家一起吃著便當，悠閒共度時光的家庭。

——第二胎都出生了，我們家原本也應該像那樣才對。

明子與丈夫為此不斷爭吵，「這樣的生活叫人如何過得下去！我們離婚吧！」這樣的念頭已出現不下一、兩百遍。

然而，只要想到學生們，就無法真正付諸實行。明子表示「自己喜歡教師這個工作」而且有幸在教育現場服務。「我們的工作不光只是站在學生面前講課，還必須以身作則，讓學生們願意信賴」。每每思及此，就令她無法決定離婚。在他們結婚時，兩人的學生皆前來教堂觀禮給予祝福，所以似乎不應該在日後鬧出「原來老師們離婚了」的消息。而且她有辦法好好說出令學生們接受的離婚理由嗎？從教育觀點來看這應該不是件好事……。

與明子同為教師的大前輩，其先生也是網球社顧問，她們因此成立了「網球寡婦會」，假日就帶著孩子一起共進午餐，順便說老公的壞話。

請育嬰假是女人的義務？

由於平時對丈夫累積了許多不滿，有時對方一句不經意的話都會引爆她的熊熊怒火。最初認真考慮離異是在請育嬰假的時候。

女兒的夜哭情況嚴重，白天也很淺眠，只要一點風吹草動就會哇哇大哭。對各種聲響尤其敏感，就連聽到購物用的塑膠袋稍微有點摩擦聲都會「哇——」地哭出聲來。遇到這種情況只能抱起來哄到她不哭為止。抱著女兒輕柔地搖晃安撫大約40分鐘，終於讓她睡著了，但一旁又響起其他聲音，女兒再次哭個不停，又得費心安撫，每天就是不斷重複這個過程。

某天晚上，在她一如往常般哄著哭鬧不休的女兒時，丈夫卻忍不住發飆：

「我說妳啊，我明天還要上課，拜託妳去其他房間讓我可以睡覺好嗎？」

明子平時也都睡不飽，整個人昏昏沉沉的，但聽到這句話的瞬間，積累已久的憤懣情緒倏地爆炸開來。

「你憑什麼認定女人就是該請育嬰假。爸爸應該也可以請才對啊。我找一天去你們學校直接跟校長說，讓我老公請育嬰假。」

內心的怒火則燒得旺盛，暗自決定「我要跟你分手」。

翌日，明子帶著女兒準備返回娘家，在途中打了通電話給父親，得到的回應卻是「如果妳是因為這種事情鬧著要回來的話，我絕不會讓妳踏進家門一步。」逼得她只得作罷。

丈夫什麼忙都不肯幫，而且根本很少在家。向他反應希望能減少帶社團的時間也只會以吵架收場而已。丈夫一發火就會拿東西出氣，隨手亂扔搞破壞，甚至還曾把牆壁踢出洞來。提到社團最後只會演變成激烈口角罷了，所以明子也就漸漸不再提這件事了。

關鍵時刻完全派不上用場的丈夫

至今女兒們的學校共辦過9次運動會。丈夫因為要帶社團不克前來，所以都是明子一個人拿著手持攝影機留下紀錄，並為女兒們拍照留念。這不禁讓她覺得「母代父職到這種程度的，應該只有我們這一家吧」。丈夫僅參加過一次運動會。本以為「今年可以分工合作拍影片跟照片！」但不熟悉手持攝影機的丈夫，竟不知錄影鍵在哪裡，結果完全沒拍下女兒的比賽實況。

明子忍不住發飆「那你今天究竟是來幹嘛的啊！」

他們所居住的地區有自治委員會，通常由男性擔任委員。某年，丈夫難得主動接下此任務，但在關鍵時刻卻說「我沒辦法參加，要帶學生比賽」就此開溜。到最後，原本應該由丈夫負責的地區節慶活動差事，也變成明子代為完成。

丈夫總說「其他老師家也是這樣」，對自己以社團為中心的生活表示肯定。另一方面，當明子因為指導社團活動而晚歸時，丈夫就會責怪道：「其他女老師不是都沒接社團活動，早早下班嗎？為什麼妳得負責啊，妳們學校這麼沒人才嗎？」他明明也是老師，卻不能將心比心。

——因為在他的觀念裡認為，女人就是先管好家務事，有多餘時間再加班就好。

明子實在無法隱忍這份怒氣。

放眼周遭，其他有孩子的女老師大多會將做不完的工作帶回家，照顧完孩子再繼續挑燈夜戰。既然夫妻雙方都有工作，那麼彼此輪流各負責帶孩子1週應該也不為過。但她的丈夫，不，應該說男人們總是以工作忙碌為藉口，將自己的不在家視為常態，藉此開脫。

育兒中的女性總被認為無法成為戰力

話說回來，日本教師不分男女，皆面臨著相當嚴苛的工作環境。

明子休完育嬰假後，任職的學校不但傳出霸凌問題，還發生警方介入調查的事件，整個校園相當不平靜。校方指示加強管教學生，因此教師們每天都有開不完的會。明子向來熱心積極地提出改善對策，但未曾與明子共事過的新任教師卻挖苦地回應：「像妳這種放長假沒來學校教課的人，沒必要發表意見。」

──育兒中的女性總被認為無法成為戰力、被視為拿小孩作擋箭牌替自己找藉口。心有不甘的明子，在那之後即便有時能早點下班，也會刻意留下來加班。孩子也因為這樣，從早上7點到晚上7點，整整12個小時都待在托兒所。雖說沒有任何的不適應，但不知女兒作何感受，令明子覺得很煩惱。不久後，明子被調到住家附近的學校，在無須擔任導師的學年，便能在晚上6點半至7點這段時間親自去接小孩回家。

一直未受到正視的教師過勞問題

懷孕教師所面臨的工作環境有多嚴苛，從下述調查結果便可窺見一二。兵庫縣教職員工會針對休育嬰假中的老師所進行的「2014 重返職場研討會與會者問卷調查」（共有54

名作答），約有半數表示「曾出現妊娠併發症」。也有許多人因為先兆性流產或迫切早產而必須住院接受治療。此外，某地區的老師表示，校長曾對她說「想請育嬰假的話，那妳自己先找好代課老師。」

將班級學生人數從40人縮減為30人，以便教師能悉心指導所有學生，乃日本教育現場的夙願。另一方面，教師的過勞現狀卻一直遭到忽視，尤有甚者，財務省還以少子化為由祭出方針，至2024年將裁減約3萬7000名國中小教師員額。

明子認為「教師是能令人內心深受感動的工作」而引以為豪，並從中獲得成就感。她所教導的學生中有很多人表示將來想當老師。不過，2名女兒從不曾說過「想當老師」這種話，反倒令明子感到掛懷。她自己也知道，就工作與生活平衡而言，「看到父母的情況，會覺得當老師真不是普通的辛苦也很正常」。

看到母親下課回到家總是累到快虛脫的模樣，而且還是社團寡婦，的確無法令人嚮往。如果不是這樣的話，不知女兒們是否會想向父母看齊，成為老師呢？明子煩惱著，不曉得自己的表現讓女兒們對這份工作留下何種印象。對比其他來自雙薪家庭的學生，像他們家這樣很少有時間與孩子相處的家庭，也實在不多見。

暴露在過勞死風險中的教師們

明子小女兒的生日經常會與校慶園遊會最後一天撞期。整理攤位、巡視場地、慶功宴結束散會，大概都已過晚上9點。急急忙忙趕回家卻往往接到「學生偷喝酒，妳快回學校一趟」的電話，根本無暇幫小女兒慶生。

縱然已邁入40歲後半，還是得擔任網球社副顧問，拿起球拍指導學生。拜此所賜，明子出現膝蓋軟骨磨損、髖關節疼痛等症狀，整個人行動不便，彷彿腰腿出問題的老年人般，只得動手術治療。為了備課，加班到晚上11點左右實屬家常便飯。休息時間則忙著處理學生個別提出的問題，連上個廁所的時間都沒有。自行帶便當也沒空好好吃完，所以都在教師辦公室一邊啃著麵包一邊工作。

平均睡眠時間3小時。明子真的萬萬沒想到，年過40居然還會遇到「通宵」的情況。

教師往往被認為是份穩定的工作，但實際情況卻慘不忍睹。全日本教職員工會所進行的「勤務實際情況調查」（2012年），有35．8％的教師達到日本政府所訂立的過勞死認定標準，亦即「1個月加班時數超過80小時」。單月加班時數超過100小時的情況則是每5人中就有1人，比率相當高。

放眼國際，日本教師普遍長時間工作。經濟合作暨發展組織（OECD）於2014年

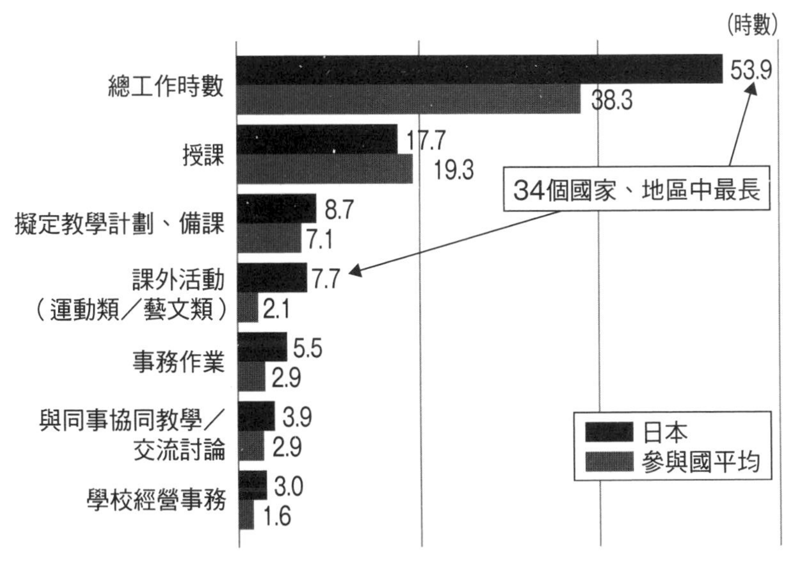

［圖3-1］**教師工作時間之國際比較**

※包含日本在內，共34個國家與地區參與調查

出處：國立教育政策研究所「OECD 教學與學習國際調查（TALIS）重點」

所公布的「教學與學習國際調查」顯示，參與調查的34個國家、地區的教師1週平均工作時間為38.3小時，日本則是53.9小時（圖3-1）。1週總勞動時間，以及課外活動時間也是日本最長。

在明子所任教的縣內，從幾年前開始接連發生50幾歲高中老師死亡的案例，同事們則懷疑是過勞死。其中一位是在學校的研究室身亡，直到隔天早上才被到校的學生發現。為了預防有個萬一，晚上11點過後丈夫仍未回來時，明子就會打電話關心一下情況。她總是叮嚀丈夫「不要加班到超過晚上11點，不然出事了也沒人會發現」。

韓流是「不花錢的外遇」

丈夫總說「如果我病倒的話，就讓女兒來照顧我」，但女兒是否願意伺候臥病在床的老爸則不得而知了。明子則挑明了說「你我畢竟是孽緣，我應該沒辦法斷然拋下無法自理生活的另一半。可是，我一點都不認為長期照護伴侶會令人感到幸福。」

不過，明子也曾想過，自己會跟不參與任何社團活動，只想早早回家的男人結婚嗎？想必自己應該不會被那樣的男性吸引吧。明子本身也喜歡教育工作，正是因為丈夫對這份工作的熱情，以及對學生的關愛程度與自己不相上下，所以當初才願意委身於他。

只不過，她敢保證，假如有來世的話，絕對不會跟現在這個老公結婚。

明子表示「身為教育工作者，無法在已婚狀態下說出想找個情人這種話，不過我現在很迷韓劇」。半夜追劇時，丈夫就會碎碎念「又在瘋韓流」。甚至還說「沒想到自己家裡居然會有『哈韓歐巴桑』出沒」，令明子覺得實在有夠沒禮貌的。

明子回道：「有什麼關係，反正是不花錢的外遇。」

看到電視新聞報導，一名嫌犯因為痛恨國中時代的老師，在畢業好幾年後持刀行兇的消息時，明子竟然忍不住在丈夫面前喃喃低語：

「若丈夫因為這種情況身亡時，通常太太都會表示『我先生畢生熱心教育，我想他一定覺得很遺憾』，但如果是我受訪，我會說『我能感同身受犯案學生的心情，如果該名學生沒動手的話，或許犯案的人會是我』。」

「我是說真的喔。」明子一臉得意地笑了笑。

第二話　與第二喜歡的人結婚——58歲・護理師

40歲的分歧點

截至目前為止，我們看了好幾則極度憎恨丈夫，卻因為經濟上的理由而無法斷然離婚的妻子心路歷程。然而，即便是擁有經濟自主能力的專業人員，也有選擇不離婚的情形。堪稱女性就業保證代名詞的護理師，便是本篇主角濱野夏子女士（化名，58歲）的職業，她笑稱「希望丈夫死掉的這種想法實在太天真。會說這種話代表或許還有愛。」

畢業於東海地區的護理學校，並在當地醫院服務的夏子，26歲時結婚，分別於27歲、29歲、33歲時懷孕生產，育有兩子一女。照顧3個孩子的育兒路感覺已經走完，又好似尚未看到盡頭。在工作方面則依然活躍，每天不遺餘力地提攜後進。凡事樂觀積極，具有大姐頭風範的夏子，在職場上是備受敬重的存在。

夏子回憶過往，以前曾思考過，若要結婚的話，應該選擇自己喜歡的對象，還是喜歡自己的對象這個問題。她認為，會讓自己主動愛上的都是與自身同類型的人，想像日後彼此在家聊天閒扯淡的情景就覺得有趣。只不過，同類型的男性應該會把自身放在第一順位，肯定是喜歡文靜型的女性。所以，為了活得像自己，選擇與自身不同類型的男性才是上策。夏子經過這番深思後所選中的對象正是現在的夫婿。

丈夫平常總是對夏子言聽計從，因為有意見也辯不過她，所以乾脆不表態。兩人感情還算融洽，相安無事地過日子，夫妻關係卻在她40歲時出現裂痕。某天丈夫突然泰然自若說出「如果沒小孩的話，或許早已跟妳分開」這句話。

——你難道不知道這句話對我有多無情嗎？

在那當下，夏子認為與丈夫的關係「已經玩完了」。

40歲那段歲月正是夏子工作變得繁忙的時期，當時她擔任開刀房（手術室）護理師。

不管在哪個科別，護理師都很忙碌，不過開刀房的職務尤其吃力。若臨時安排緊急手術，有時候就得永無止境地加班。在家也得隨時待命，就連洗澡也是手機不離身。醫院24小時365天都有病患出入，也必須配合輪班。

同一時期夏子開始參與社會運動，忙碌情況因而有增無減。每天直到晚上9、10點都還有做不完的工作。在家做飯的日子隨之減少。也沒辦法每天接送孩子上下課，丈夫似乎對這樣的生活感到不滿。

「妳究竟要搞社運到什麼時候？我已經快應付不來了」，丈夫忍不住發難，兩人大吵了一架。老二和老三則在兩人腳邊打轉，擔心地說著「不要吵架」。

「我也是努力要做好這一切，並沒有在玩。」

相當關切社會問題的夏子女士因而醒悟，「這人果然只有這樣的水準。雖然是孩子的父親，但我對這男人已不抱任何期待。」

受不了丈夫的老人味

還有另一項重大事件讓夏子對丈夫的愛消失殆盡。她在40歲時得知自己再度懷孕。如今40幾歲生產並不足為奇，在當時卻還很少見。

當她告知丈夫「我有了」，丈夫卻斬釘截鐵地回答「別生下來」，彷彿墮胎是再理所當然不過的那般。但她想生下這個孩子。畢竟過去這些年一邊工作一邊養育3個孩子都挺過來了，再加一個一定也有辦法做到的。

她不死心地表示「要我辭掉工作，不再參與社運，在家當全職主婦也可以」。但丈夫冷冷回應「我沒辦法養這孩子。都已經年過40了，還得去托兒所接送小孩，我辦不到。」

結果，夏子只能放棄這個小生命。在這之後對丈夫完全失去信賴。儘管彼此還有性生活，畢竟這是維持夫妻關係的重要元素，但她一定會採取避孕措施。

丈夫在婚前從事測量方面的工作。在兩人即將結婚之際，丈夫表示「想考司法代書」而辭去工作。在丈夫考取證照前都是夏子負責養家。後來丈夫順利通過考試開始執業後卻說「要經手大額款項覺得很恐怖」直接打退堂鼓。而且還瞞著夏子不說，直到在便當店打工的事穿幫才吐實。那時夏子已開始請產假了。

——這是什麼爛藉口？我當護理師，工作內容攸關人命都沒在怕了。

但她出自最低限度的體貼，把這些話吞了下去。相信丈夫一定是因為太丟臉而說不出辭職的事吧。但她還是傻眼到目瞪口呆的程度。

丈夫真的很不爭氣，後來轉行在中小企業上班直到現在，眼看已經快60歲了，每個月的實領薪資為26萬日圓。而且完全不給家庭生活費，只負責支付全家每個月5、6萬日圓的手機電信帳單。最近中小企業受到景氣影響，連獎金都不發了。丈夫在這家公司服務滿30年，雖晉升為主任，但月薪只增加了6萬日圓。夏子的月薪比丈夫還高出10萬，也能確實領到獎金。透天厝的房貸全由夏子負擔，也已提前清償。車子的貸款也是由她支付，因為丈夫連存款都沒有。

然而，丈夫是個疼愛孩子的好爸爸，不花天酒地也沒欠債，所以夏子才沒選擇離婚。她也曾短暫將丈夫當成炮友看待，不過，後來就連這件事都變得難以忍受。丈夫的老人味實在令她厭惡到極點，用「刺鼻」來形容都不為過。

「女人就應該在家相夫教子」的觀念之爭

您希望先生死掉嗎？面對筆者的這番提問，夏子回答：

「自從311之後，我就決定不要再說這種話。」

2011年3月11日，發生了東日本大震災（東北地方太平洋近海地震），截至目前為止所公布的受災狀況為，死者1萬5894人、行蹤不明者2561人（2016年3月10日，警視廳所發表之數據）。就算沒有遇到天災，任何人也可能因為交通事故或猝死而一命嗚呼哀哉。夏子在醫療現場服務，感觸特別深刻。何時會喪命，誰也料不到。

「人總有一天會死。如果我跟他說了這種話，結果一語成讖，那我一定會恨死自己的。所以不管是多討厭的人，我也絕對不會這麼說。這項堅持，對我而言或許具有穩定心靈的功效吧。不過，倒是可以自由地在心裡想像。只要不向對方說出口，應該也無傷大雅吧。咦？是不是有點奸詐？」

語畢，夏子笑道：「會說希望老公死掉什麼的，代表內心還很激動啊！覺得後續還有轉圜的可能，才說得出這種話。會讓我咒罵去死的大概只有討厭的政客吧。」

——因為，我對丈夫已經沒有任何感覺了呀。

丈夫對她而言已是無法引起任何情緒的存在。

那麼丈夫在她心目中究竟是何種定位呢？老實說，如今已沒有必要在一起，但考慮到孩子以後會論及婚嫁辦婚禮，還是父母親齊亮相會比較好辦事吧。

就算丈夫要搞外遇也無所謂。有時擦身而過被丈夫襲臀，都會令她覺得毛骨悚然。多希望他能包袱收一收搬回老家住。說到這，只要婆婆還健在，應該就不會離婚吧。畢竟不想因為這樣讓人很好而且已年逾八旬的婆婆傷心難過。

不，其實還有其他的原因。

或許是因為她不想被認為，身為女人有了家庭卻只顧著工作、還搞社會運動，難怪會離婚。

——努力工作、積極參與社會運動的女性若選擇離婚，世人肯定會認為「所以說女人就應該在家相夫教子」。或許就是因為這樣才無法與丈夫離異。

夏子分享其看法：

「結婚後結識異性的機會其實意外地多。即便已經50多歲，還是有男性對我示好。就算跟丈夫以外的人有性行為也沒什麼大不了。唉，想到這就會覺得，當初就算不結婚也沒差吧。如果日本的男女關係能像歐洲那樣，在制度面發展成熟的話該有多好！」

現在想起來，能在適婚年齡結婚生子倒也算好，不過想要孩子跟結婚其實是兩碼子事吧。就算婚姻告吹也有辦法獨力撫養孩子的話，或許女人就能選擇與真心喜愛的對象結婚，共組家庭。就是因為育兒制度不健全，所以才會與適合當爸爸的「第二喜歡的對象」結婚生子。這就是夏子的結論。

嬰兒潮世代太太所精心設計的陷阱

本章所介紹的熟齡夫妻與前兩章所採訪的正忙於育兒階段的世代，在時代背景與價值觀上皆大相逕庭，因此對丈夫的怨恨更為強烈。尤其是接下來所描述的嬰兒潮世代太太，其恨意之深，直叫人背脊發涼。

此現象的前兆約莫於10年前出現。筆者於《AERA》雜誌2007年5月21日號，寫了一篇名為〈老屋翻新，老公「滾邊去」〉的報導，分析嬰兒潮世代太太所精心設計的「陷阱」。在丈夫邁入50歲後半的時期，將目標對準屆齡退休後的生活，開始籌謀整修住宅。設計規劃則暗藏心機，能不著痕跡地疏離丈夫，即便彼此都在家也不太會打照面。

比方說，2個孩子已各自獨立而多出兩間空房。妻子笑容可掬地表示「那就打造一間你專用的書房吧」，將其中一間作為丈夫的書房，另一間則設計成自己的臥室。如此一來，便能以相當自然的方式悄悄達成「夫妻分房」（寢室分開）的目的。據一級建築師所言，「約有一半的客戶會在翻新整修時指定夫妻一人一間寢室。」

能用來疏離丈夫的藉口多不勝數。只要說句「想好好整修一下流理台」，丈夫就會暗自期待「就當是送老婆禮物。這樣她就會煮好料的給我吃」。接著提議「不如把廁所改成無障礙設計」，順便把開放式廚房與飯廳的格局加大，只要再加一道牆補強，站在廚房時，丈夫就會被擋在視線外，可以暫時眼不見為淨。

一名太太表示，因丈夫有腰痛宿疾而進行將浴缸高度降低的整修工程，由於「丈夫把筆電拿到客廳一坐就是好幾個鐘頭，惹人心煩」，因此她在施工時加碼於客房裝設下挖式暖桌。之後丈夫便在這裡進行電腦作業，太太獨自在客廳樂得逍遙自在——。

這些全都是嬰兒潮世代太太所佈下的「陷阱」，因為不堪得與退休後的丈夫24小時朝夕相處而出奇招，但說穿了，這也是為了「家庭和諧」才刻意選擇保持距離，實屬溫和可愛的手段。

日文有個形容詞叫做「濕落葉」，用來揶揄屆齡退休後的丈夫，待在家也沒事做，妻子走到哪就跟到哪的模樣。東京女子大學名譽教授，柏木惠子女士在其著作《大人成長的條件》中，將在家什麼事都不做的退休丈夫與父親形容為「大型垃圾」。這與本書第一章所提到的「衣櫥放貢，老公健康不在家最好」相比起來，世人對丈夫所用的措辭亦隨著時代變遷愈發毒舌尖銳。

而現在，在許多熟齡夫妻之間，妻子或許給人一種熱切期盼丈夫死去的印象。男性似乎也將這樣的情況看在眼裡。一名曾是某企業幹部的男性（70歲後半）表示，在高爾夫球場等地方，每當與自己年齡相仿的世代聚在一起時就會發現，

「喪夫的女性暫時會顯得無精打采。但是不用經過多久，穿著打扮就會變得光鮮亮麗，整個人充滿活力，神采奕奕。」

在高爾夫球場目睹這番景象的男性們，紛紛交頭接耳地討論「我們也得小心為妙」。

有一份年代較久，但可供參考的調查。日本國立社會保障・人口問題研究所的石川晃先生所製的「配偶關係別生命表」，根據是否有配偶、喪偶或離婚來算出20歲與40歲時的男女平均餘命。就40歲時喪偶與離婚的數據來看，男女的平均餘命出現相當大的落差。這份1995年的資料指出，當男性喪偶時，剩餘壽命為34・95年、離婚為28・72年；女性喪偶時，剩餘壽命為43・32年、離婚為40・49年，皆比男性多很多年。

世間一般常說「老婆比老公早走一步時，老公就會像追隨其後般地跟著離世」，不過離婚所帶來的打擊之大似乎也不遑多讓。另一方面「老公死了，老婆反而神采飛揚」的傳聞，亦可從這份資料獲得佐證。

第三話　某昭和人妻的結縭40年復仇記——70歲・主婦

典型的傳統婚姻

對丈夫恨之入骨的熟女心思深不可測。

「該怎麼反擊，給他一點顏色瞧瞧呢？」

住在神奈川縣的野村豐子女士（化名，70歲），每天都過得悶悶不樂。她是一名全職主婦，與上班族老公一起生活。2名孩子已經長大獨立，家裡只剩夫妻倆，原本還在摸索該如何度過接下來的老後人生，卻發現了丈夫長期隱瞞的不倫戀。

豐子與任職於製造大廠的丈夫經由媒妁之言相親結婚。她原本在家鄉的中小企業擔任行政人員，婚事敲定後便自然而然地辭去工作。成為全職主婦後，每遇丈夫轉調外縣市時便跟著同進退，發揮內助之力「守護家庭」、「扶持丈夫」。在彼時，女性結婚辭去工作成為全職主婦，正是所謂的標準配備。

婚後不久，豐子接連誕下一雙子女。在那個公司福利制度完善的時代，一家四口住在員工住宅，平日跟附近的全職主婦們閒話家常，六日則參加地區兒童會等各種活動，過著極為安穩的家庭生活。

他們在小孩上小學時順利購入透天厝，實現了擁有「屬於自己的家」的夢想。員工住宅的主婦團，個個競相比較住家的大小以及居住的地段。平時聚在一起聊天，就是互相拿丈夫升遷、房子、孩子的課業成績或體育實力來說嘴。員工住宅就是家家戶戶都有全職主婦。若在外兼差反而會被人瞧不起。從各家老公的學歷與職位，大概就能推敲出薪水金額，所以某戶人家的太太若開始工作，就會被懷疑是不是有欠債。據說當時的社會文化認為，已婚女性工作並非一件光彩的事。

豐子的丈夫總是有加不完的班，假日也得出勤，十分忙碌，她知道這也是不得已，畢竟一切都是為了養家活口。是的，豐子完全不疑有他，直到丈夫屆齡退休後，才接連發現他的各種背叛。

每天聚餐喝酒的丈夫與省吃儉用的妻子

丈夫打從20幾歲新婚時便一再強調「喝酒也是一種工作」，三天兩頭地喝到凌晨才回家。到後來豐子也逐漸習慣這種不知老公幾點才會回來的生活。有時他甚至到隔天早上才回家，但只交代了一句「上司叫我陪他打麻將所以走不開，妳不要那麼多意見啦」便拒絕再談。

丈夫於早上7點半出門上班，豐子會做好便當送他出門，一邊照顧年幼的孩子，依序完成洗衣、打掃、買菜等事項。公司的上下關係也會影響到私人生活，所以與鄰居往來也得繃緊神經，以免得罪大人物。

丈夫會給她一筆固定的生活費，她則精打細算，絕不亂花錢。丈夫給的金額很足夠，但她總是挑最便宜的超市購物，省吃儉用，努力不懈地存錢。她從來不為自己治裝，一件衣服一穿就是10年，穿到破洞補起來再繼續穿，但對孩子則很大方，盡量滿足他們各方面的需求。

豐子因為父親事業失敗導致生活窮困，靠著獎學金才勉強讀完高中，而且不得不放棄升學。對於在校成績名列前茅的豐子而言，供孩子就讀好大學是她的夢想之一。

因此，她總是未雨綢繆「雖然現在丈夫的收入很穩定，但未來會怎樣誰也不知道」才如此克勤克儉地為孩子存下學費。

然而，丈夫的行徑卻與豐子的這番苦心背道而馳，零用錢有多少就花多少，而且全都是喝酒喝掉的。不但如此，他還開了祕密帳戶，不知偷藏了多少私房錢。而且，丈夫每晚總是醉醺醺地回到家。

在孩子年幼正可愛的階段，每到週末丈夫總說「要工作」、「要陪打高爾夫」而出門不在家。覺得這樣不是辦法的豐子曾開口要求「你好歹也跟孩子互動玩一下吧」，沒想到平常個性溫和的丈夫卻冷回「妳以為是誰賺錢供妳們吃穿的啊，顧小孩這種事妳自己處理就好」，母子三人過著偽單親的生活。

丈夫不必因為「工作」外出時，總是對孩子無比關愛與呵護，所以豐子才會掉以輕心，結果釀成大錯。現在她感到後悔莫及，當初若是有跟蹤他留下證據就好了。趁著還年輕時，抓到他偷情的把柄要求離婚，或許能過上不一樣的人生。

外遇的徵兆

在女兒上小學時，豐子確信丈夫有外遇。在手機、筆電尚未問世的70年代，只能透過書信、公共電話或住家電話聯絡。假日時，丈夫找藉口外出的次數漸增，總說「我去散一下步」或「我要出去買個菸」將口袋裡的硬幣撥弄得叮噹作響。豐子曾在買菜途中偶然撞見丈夫在公共電話亭，神情嚴肅地講著電話。他接二連三地將口袋裡的10圓硬幣放入投幣口，看來似乎在跟對方道歉。

豐子上前關切「怎麼了嗎？」丈夫則慌張地低呼「糟了！」忙不迭地掛上話筒。

她覺得不對勁，再三逼問，丈夫則一概推託「我是在跟客戶講電話。」某天，丈夫才剛回來，家裡的電話便響起。豐子一如平常地接起電話，傳來了年輕女性的聲音：「您先生現在剛下班回來吧。」此時她確信這人就是丈夫的偷情對象，但丈夫卻裝傻到底「我把東西忘在小酒館，人家只是打來聯絡這件事而已。」

這樣的情況發生過好幾次。有時丈夫會頻繁地直到凌晨或隔天早上才回家，令豐子忍不住質問「你應該是在搞外遇吧」。某回她卯起來追問「那被我撞見的那次又是怎麼回事！真的是在談公事嗎？」丈夫揚手怒吼「妳煩不煩啊」掄起的拳頭卻正中豐子的臉龐。他並不是真的有意要打老婆，只是作勢恐嚇卻沒拿捏好距離，直接往老婆臉上招呼過去，導致其眼周掛彩瘀血。

在這之後，豐子大概有1個月的時間都不跟丈夫說話。這段期間腦中也曾閃現離婚的念頭，但一想到「自己如今只是一介家庭主婦，帶著2個孩子離婚的話，勢必無法供他們深造，經濟條件實在太過不利，只能忍耐」而決定作罷。

屆齡退休打開了潘朵拉的盒子

在孩子們上國中、高中、大學後，丈夫嗜飲杯中物的習慣依然毫無改變。1個月頂多只有1次是在沒喝酒的狀態下回到家的。長年將丈夫疑似出軌之事封印起來，要自己別多想的豐子，卻因丈夫屆齡退休而打開了潘朵拉的盒子。

丈夫退休時從公司帶回來一個裝著個人物品的紙箱，但從未拆封就這樣放置了近10年的時間。如今孩子們已各自結婚自立門戶，豐子女士打算布置一間自己專用的房間，因而著手整理家中雜物，突然間開始在意起丈夫那只閒置已久的紙箱。

豐子心想，反正長期以來都被擺在那裡無人聞問，乾脆把裡面的東西清一清丟掉，結果發現一堆丈夫與情婦約會的照片，以及情婦寫的情書之類的東西。就連電影票與遊樂園門票都很寶貝地留作紀念。她抖著手打開信封，只見信紙上寫著「你愛我嗎？我想快點跟你結婚。想要一直跟你在一起。你什麼時候能跟太太分開呢？」

丈夫三天兩頭就往固定光顧的那家小酒館跑的原因真相大白，原來是被這個年方20的女孩迷得團團轉。他似乎也曾跟年紀與女兒差不多大的酒店小姐搞不倫。豐子無法將視線從照片上移開，目光灼熱到簡直快將照片燒出洞來，整個人大感震驚。她一邊看著照片上的日期，一邊推算當時孩子幾歲。

回想起來，兒子小時候經常感冒，在他高燒超過40度，難受到頻頻發出悶哼聲時，丈夫看著兒子嘴上會說「如果爸爸能替你受苦就好了」，轉頭便告訴豐子女士「今天也會很晚」隨即出門上班去。工作結束後，就跟平常一樣毫不遲疑地喝酒去。

兒子在幾天後康復，接著輪到女兒，然後，貼身照顧的豐子也被傳染變得病懨懨。儘管發燒意識朦朧，但也不能丟著孩子不管，還是得陪在他們身邊。幫孩子洗澡時更是得極力對抗全身竄起的寒意。「想到在我那麼不舒服的時候，那人居然在搞外遇，就覺得好不甘心、好嘔、好傻，那時真的覺得自己會親手殺了丈夫。」豐子感受到自己陷入負面情緒的漩渦裡。

近年來每當在電視或報上看到妻子殺害丈夫的新聞時，她總直覺認為「肯定是因為偷腥造成的」。

年金對分也不夠支付生活費

找到決定性證據的豐子，將照片攤在丈夫面前質問「這究竟是怎麼回事！」但丈夫一味逃避「嗯？我也不知道。不記得了。」絕不承認外遇。出示情婦所寫的信，他也矢口否認「這什麼東西啊？喔，那只是對方單方面向我示好而已。」

在這之後，每當在電視或雜誌看到討論丈夫外遇的話題時，豐子就會變得很敏感。被丈夫背叛卻隱忍下來的妻子究竟會做出何種反擊呢——這件事開始盤踞在她的腦海裡。

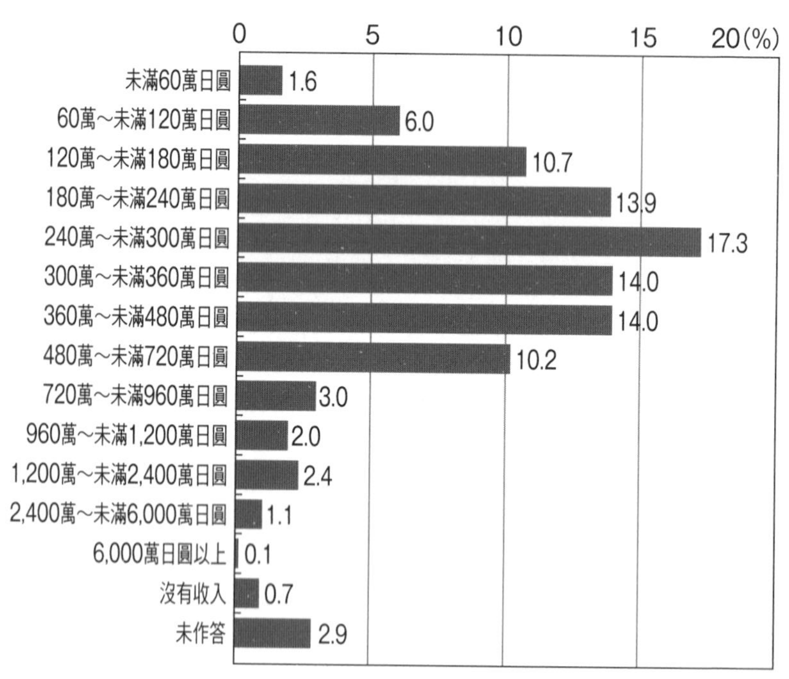

[圖3-2] **嬰兒潮世代家庭收入**

出處：內閣府「平成25年（2013年）版 高齡社會白皮書」

雖已年屆70，但她還相當健康有活力，開啟第二人生或許並非遙不可及的夢想。住在離孫子近一點的地方感覺也不錯。如果中樂透的話，二話不說一定馬上離婚。可是，現實卻是殘酷的。要靠年金過生活，必須以夫妻兩人合領的方式才划算，否則難以維生。

假如離婚的話，究竟能要求丈夫支付多少贍養費跟生活費呢？豐子十分清楚丈夫的口袋不夠深，想也知道屆時支付的金額一定不夠讓她獨自生活。年金亦然，就算對分也沒有多少錢……。

在過去，夫婿為受薪階級的全職主婦（在日本年金制度中被歸類為第3類被保險人），並沒有權利領取丈夫的勞保年金，直到2008年4月「離婚時的年金分配」制度才正式上路。這項制度規定，妻子可領取婚姻期間中丈夫所累計的勞保年金之一半金額，但離婚後要靠這筆錢生活是遠遠不夠的。日本內閣府「高齡社會白皮書」（2013年版）的「嬰兒潮世代經濟狀況」調查指出，昭和22～24年（1947～1949）出生的男女主要收入源，有一半是來自年金。占最高比率的家庭收入金額為240萬～未滿300萬日圓，接下來依序為300萬～未滿360萬日圓、360萬～未滿480萬日圓、180萬～未滿240萬日圓（圖3-2）。占最高比率的存款金額則是1000萬～未滿2000萬日圓。就算能分到一半，也不足夠負擔恢復單身之後的生活費。

未報仇前絕不早一步離開人世

還有比離婚後無法生活更嚴重的問題。假如離婚的話，丈夫肯定會興沖沖地找到新對象再婚。這樣可就吃虧了，絕不能讓他稱心如意。有沒有什麼可以把他折磨得半生不死的方法呢？

豐子有一位朋友的丈夫非常大男人主義，在他臥床不起住進養老院後，朋友便展開絕地大反攻，久久才去探視一次，去的時候會故意把水杯擺在微妙的位置，看著丈夫想拿又拿不到的掙扎模樣，呵呵發笑。對啊，我怎麼沒想到還有這招呢！豐子覺得似乎找到了一點靈感，心情頓時明亮起來。

如果是我的話……。

實在無法等到老公臥床不起才行動。

豐子認為等到丈夫生活已無法自理時才報仇，或許為時已晚。萬一自己先死的話，那該怎麼辦，不就虧大了嗎？趁早報復才是上策。她為了達成心願更加注重健康，積極養生，另一方面卻不再為喜歡重口味的丈夫把關，就盼他會因為高血壓或腦梗塞而突然暴斃。一想到丈夫已70多歲，能領到的死亡保險金應該不多時，就會覺得如果是在壯年時就死一死該有多好。

——唉，如果有錢的話，幾乎就能解決所有的問題。

豐子又忍不住將一縷希望寄託在中樂透這件事上。暫時就只能把丈夫當幫傭使喚，自己至少也該過一下不用張羅三餐又能午睡的生活。如果丈夫不想配合的話，那就請他離開這個家，支付贍養費離婚。

「房子跟存款都歸我，畢竟是你外遇，所以你給我滾。」

假如丈夫承認外遇的話，豐子便打算這樣告訴他。這場爭鬥簡直就像長距離慢跑般看不到盡頭。總之，在報一箭之仇之前絕不能先死。就算丈夫臥床需要人照護，也絕對不要為他做任何事，立刻送去養老院。而且應該連一次都不會去探視吧，就算去了，無論行動不便的丈夫拜託她什麼，皆一概不予理會。她守著這個家，全力為孩子付出超過40年，但丈夫卻在這段歲月裡不斷搞外遇，這令她感覺自己的人生彷彿全盤遭到否定般，極為不好受。她現在滿腦子只想著，該怎麼做才能消心頭之恨。

＊

這是在日本經濟高度成長期成為賢內助，卻察覺丈夫不貞的妻子心境。對丈夫而言，那些風流韻事即便已成過去式、已是前塵往事，對妻子來說，這股怨恨卻是從得知真相時開始發酵，屬於現在進行式。「那時他是那樣對我的」這種憤恨情緒，就算經過幾十年也無法忘記。每當憶起時就會怒火中燒到令人發狂的程度。

第四話　嬰兒潮世代妻子的憂鬱——68歲・主婦

丈夫永遠端著「長男」的架子

出身日本北陸地區的大平信子女士（化名，68歲），每天都在祈求「丈夫快點死」。她與丈夫是自由戀愛後結婚的。丈夫最終成為上市企業子公司董事長，信子亦成為人人稱羨的董事長夫人，但她對丈夫的愛早在很久以前便已消磨殆盡。

信子女士來自務農家庭，她的資歷在當時的鄉里間相當罕見，不但上東京讀完短期大學，還考取了營養師證照。

「記得25歲那年要去參加在家鄉舉辦的同學會時，家母跟我說：還沒結婚的大概只剩妳一個，還是別去了吧。」

在那個時代還盛行女人不必上什麼大學，時間到了就立刻嫁人的觀念。即便出社會工作，因為結婚而主動離職也被視為理所當然。年屆20歲後半仍小姑獨處時，就會被稱為「大姐頭」、「怨女」、「老姑娘」。信子與丈夫為國中同學，彼此在這場同學會上重逢。丈夫大學畢業後在一流企業上班，兩人墜入情網後沒多久便結婚了。

丈夫因身為長子，被捧在手掌心呵護長大。由於家鄉仍保有特別重視長男的習俗，所以只要回老家就是每天吃香喝辣，只管當個大少爺就好。

出社會後在職場上則平步青雲，不斷高升。當上社長後，所有雜務自然會有下屬打點妥當。丈夫在家也走大男人路線，簡直把妻子當成員工使喚。信子在婚後仍持續找工作上班。曾在醫院擔任營養師，30幾歲時還曾以當時破天荒的時薪1000日圓價碼獲聘為牙醫助理，但丈夫卻完全缺乏「夫妻兩人都在工作」的意識。

想當初丈夫通勤時，明明徒步10分鐘便能抵達離家最近的車站，但信子每天都必須開車去車站接送他上下班。有時只是晚了5分鐘才到，丈夫就會老大不高興，而且會意氣用事地乾脆走路回家。擺出一副：竟敢遲到，我才不稀罕搭妳的車咧的姿態。即便在半路相遇也絕對不肯上車。在家也是同樣的態度。晚餐時，若忘了先擺好丈夫的筷子，他就會以手抓飯吃將起來，藉此強調自身的存在。當然，也絕不會自己泡茶來喝。丈夫認為當自己有所需要時，所有東西就會自動送到眼前來。信子對這樣的生活感到厭煩。

如果妳的薪水跟我一樣多，我就做家事

丈夫的月薪在當時應該有100萬日圓左右，但每個月只給信子6萬日圓的伙食費。

剩餘的款項則放在手邊自行保管。他總說「我這是在存老本」，每個月似乎撥出25萬日圓儲蓄，但從不肯告知太太戶頭裡有多少錢。婚後仍持續工作的信子只須負責管自己賺的錢就好。水電瓦斯等費用以及保險費等基本開銷皆以丈夫的收入支付，外食餐費則由她掏腰包買單。

在女兒還小時，有一次全家一起去野生動物園玩，丈夫卻突然發飆直接驅車走人，信子與女兒只得改搭電車回家。丈夫這種我行我素的行為儼然已是家常便飯。但讓她再也無法吞忍的原因，則出自丈夫脫口而出的一句話。

某天，信子只是隨意提起「你也多少做點家事吧」。

丈夫卻回她：「如果妳的薪水跟我一樣多的話，我就做。」

這是絕對不能說的一句話。可見他認為「女人的工作就是比不上男人的」而瞧不起妻子。覺到人格遭到丈夫否定的信子，從此不再開口要求丈夫幫忙做家事。

信子在醫院擔任營養師的時期，每當出了什麼狀況時，就算半夜也會趕去，對這份工作充滿責任感。男人與女人對工作的付出並沒有分別，再說丈夫根本沒資格批評她的收入，令她覺得很不是滋味。

這對夫妻檔同齡自同一國中畢業，而且當年是信子的學業成績比較好。「說這什麼話！

明明功課比我還差。只是贏在身為男人可以不用帶孩子，全心在工作上衝刺而已。」信子心中怒火沸騰，如果她還繼續待在從20幾歲開始任職的那家醫院，肯定也已做出一番成績。

——直到如今女人還是可能因為結婚或育兒而無法持續在同一職場工作。更何況是嬰兒潮世代，還必須面對嫁人後理當成為全職主婦、在外工作並不可取的風潮。丈夫明知如此，居然還敢大言不慚地表示「等妳賺的薪水跟我一樣多時再來說」。

信子對丈夫的心意在那瞬間急速冷卻。

嬰兒潮世代的男性真沒用

總是想著要離婚的信子，由於母親再婚的緣故，所以想歸想，終究沒有採取行動。與丈夫相親相愛這種事，婚後若能維持個10年就算不錯了。之後不過是為了自己與孩子的生活而維持著婚姻關係罷了，日子可一點都不快活。畢竟處處都需要用到錢。女人與男人不同，總會為了孩子忍耐。

丈夫在60歲時屆齡退休，信子只是隨口提議「不妨找點事來做」，他卻火冒三丈地表示「現在是對我下命令，連往東或往西都得聽妳指揮嗎？」只要開口交談就是演變成爭吵。信子也覺得很不爽，繼而認為，既然如此的話，閉口不談任何事才是明智之舉。

丈夫的存在如今令她感到無比痛苦。鼾聲震耳欲聾、老人味又重，完全不想跟他置身於同一空間。她向丈夫宣告「我要去樓下睡」，開始與丈夫分房睡。

丈夫平常都在二樓生活。由於飯廳位於一樓，所以丈夫用餐時，信子就會趕緊上二樓曬衣服。摺衣服收納歸位也都是趁他不在時處理好。丈夫在時，總令她覺得整個人喘不過氣來。有事必須上二樓時，她都會在心中吶喊「快點閃邊去吧」。

偶爾她會好意問丈夫「要不要一起去外面吃個飯」，他卻火大地發飆「不要臨時跟我說這種事！我不去。我要待在家！」可能還以為自己是社長，行程必須好幾天前就先約好。但實際上就只是一整天無所事事地待在家裡而已。這人究竟是怎麼回事啊，難道直到現在你還把我當成下屬使喚嗎？

拜託丈夫「看一下孫子」，他就真的只是兩眼盯著孩子看而已，既不跟孫子互動也不會喊一下名字逗孫。當然，更不可能幫忙換尿布。

與兩個女兒和孫子一起去海水浴場玩時，丈夫照樣毫無用武之地。孫子趨前表示「抱抱」，丈夫卻說「這樣會害我腰痛」絕對不肯抱起孩子。有時難得願意抱一下孫子，但還不到5分鐘就說「換阿嬤抱」急忙換手。大夥提著大包小包走著上坡路，丈夫卻連一樣東西都不肯拿。

在海邊搭帳篷時，眼見女兒們手忙腳亂弄不好，他也只是呆站著作壁上觀，不會問一下該如何幫忙組裝。

「嬰兒潮世代的男人真的很沒用。畢竟連自己的孩子都沒帶過，更遑論照顧孫子了。反正就是完全派不上用場，不要有任何期待就對了」信子對丈夫早已心死。

落花難上枝

當街坊鄰居的同世代女性們聚在一起時，抱怨老公的不是總讓大家聊到欲罷不能。然而，很多故事卻令大家笑不出來。某位友人因為退休金也掌握在丈夫手裡，就連1、2000日圓的伴手禮都沒辦法買給孫子。由於丈夫一不高興就會耍狠不給生活所需的費用，為了討他歡心，就算心裡不想去，也得陪他外出做做樣子。很多太太也面臨著同樣的處境。

其他像是連蟲子都不忍心打，看來溫婉賢慧的女性，在丈夫屆齡退休後便帶著這筆退休金遠走高飛。認為私房錢很重要的信子，也常喊著「沒錢可用」，偷偷地存下零用錢。之所以會持續工作也是出自這項考量。女人若必須為了錢而對厭惡至極的丈夫賣乖，討其歡心，也未免太可憐。

信子目前在幼兒園擔任鐘點營養師，除了賺錢的目的外，還有就是盡量不想跟丈夫待在同一個屋子裡。

時至今日已無法離婚。住家是獨棟透天厝，若有一方搬出去生活，只會徒增不必要的開銷罷了。如今他們是領年金過日子，為了省錢再怎麼不願也只能住在同一個家。所以兩人在一樓和二樓各過各的也是情非得已。現在就是處於「雖然住在同一棟房子裡，若丈夫真的死掉的話也不得而知」的狀態。信子打從心底期盼「丈夫能早點死一死」。她表示「會這麼想也是迫於無奈」，並深感「嬰兒潮世代的女性皆抱持著同樣的想法」，大家都對丈夫有諸多不滿。

信子的朋友因為丈夫過世獲得解脫，海闊天空。現在整個人充滿活力，1年安排4次旅行。朋友興奮地表示「在家不必再一一看人臉色。要外出也不必先想好菜色備餐，省掉一堆麻煩，真的好輕鬆喔。」

「跟獨裁霸道的男人在一起，就會哀莫大於心死」，信子如此表示。不管說什麼都會被教訓、拜託丈夫的事，他大概要拖個1星期才會實際處理。信子切身感受到，這些相處點滴日積月累下來，才會造成今日「盼望丈夫死掉」的結果。

如果丈夫不在了，會覺得寂寞嗎？

聽到筆者如此詢問，信子斬釘截鐵地回答：「一點都不可能。現在只希望他快點死。這樣每天才能過得舒心愉快。」

「我跟丈夫今後就是兩條平行線，不會再有交集。他每說一句尖酸刻薄的話，就會留在我的腦海裡，不可能還想跟他廝守終生。那些話會讓我覺得，原來你是這種人而更加感到心灰意冷。我想大家應該都是這樣吧？完全不覺得我的情況有什麼特殊。」

假如丈夫因病陷入需要長期照護的狀態呢？

「就算病榻纏綿我也絕不會照顧他。一定要把以往至今所受的委屈全都討回來！」信子的態度顯得相當堅定。

破鏡不重照，落花難上枝。

這句古詩意指事物一旦破損後，便無法恢復原狀。當妻子對過往的種種耿耿於懷，一一記在心裡時，大抵是不會輕言原諒的。

第五話　「吃軟飯」老公的人生末路——65歲・美髮師

以為穩重可靠的年長老公真面目

與俗稱「吃軟飯」的丈夫走過漫漫人生路的花村葉子女士（化名，65歲），其經年累月的恨意可完全不比上一篇的信子女士遜色。

「那傢伙的骨灰最後會進墳墓，還是被丟在山手線，全看我當時的心情喔。」

開懷大笑樂不可支地說出這番驚世駭俗言論的葉子，其實直到50歲前都像個小媳婦般，過著忍氣吞聲的生活，苦命程度簡直媲美「阿信」，如今則對丈夫無比強勢，飆罵「煩死了，閃邊去啦！」

最近她命令垂垂老矣氣勢盡失的73歲丈夫「寫下遺書」。

——丈夫遊手好閒，花掉的錢甚至可以蓋一棟房子，然而現在的住家卻是登記在他的名下，令葉子感到非常不服。也不想想努力賺錢打拚到現在的人是誰！這棟房子應該歸我才對！

究竟，葉子發生了什麼事？

當年正值雙十年華尚不諳世事的葉子嫁給了大她8歲的丈夫。在她眼裡看來年長的男性就是比較穩重可靠，結果卻錯得一塌糊塗。這對夫妻同為美髮師，兩人一起工作賺錢，夢想有朝一日能開店創業。

新婚當時住在沒有衛浴設備的房子，窮到極點甚至連去澡堂都成問題。葉子每個月只跟丈夫拿2萬日圓的生活費，以此來應付伙食費與雜費等開銷。丈夫婚後便展露出專橫跋扈的態度，但葉子認為嫁都嫁了，如今已無法回頭，從此進入一味隱忍的婚姻生活。

每天辛苦工作下班回到家，還得忙著張羅省錢料理，但丈夫卻怒吼「這麼難吃的東西誰吃得下啊」。偷空做了大約4人份的炒青菜，盛盤放在餐桌後便先在廚房洗碗，但丈夫卻將整盤菜一掃而空。她嘀咕「我的那一份呢？」丈夫簡直把她當成傭人般回應「妳也要吃喔？」惡行惡狀遠超出沙文大男人的範圍。

過了6年這樣的生活後，夫妻倆終於存款買了房子並兼作髮廊店面，但同時也背負著育兒與貸款的壓力。明明負擔這麼重，但開店後丈夫卻變得好吃懶做，看到客人上門就對葉子說「給妳負責」，自顧自地看電視。

婚後沒多久葉子曾考慮離婚，跟娘家商量此事，母親卻不諒解，直說「妳別回來」。在那個年代，女人有家庭後只能默默承受各種苦難。即便忍不住認為「難道我是女傭嗎？」也只能勸自己「女人就是得忍耐」而不去想離婚的事。

葉子在25歲時有喜，懷孕後，丈夫卻經常夜不歸營，往往流連酒店直到隔天早上才回來，每次去至少要花掉5萬日圓。每週2次，一個月砸40萬日圓上酒店的生活就這樣持續了10年。質問丈夫「錢都到哪去了？」他則惡狠狠地回答「那是我的錢，妳有意見嗎？」

成長於地方都市，昭和16年（1941年）生的丈夫，只要彼此一有摩擦就會把「不過就是個女人家」、「女人就是這樣」掛嘴邊。葉子的父親也是這種觀念，從小在她心裡種下陰影，以致無法對丈夫提出任何反駁。20幾歲時她一度打算離家出走，但沒地方可去，只好在附近轉來轉去，最後只能回家。

看到葉子充滿朝氣地工作時，丈夫就會顯得心情愉快，但她一感冒生病什麼的，丈夫的態度就會變得很冷淡。在髮廊生意步入軌道，終於開始賺錢，存款金額達到200萬日圓後，丈夫便拿著這筆錢逍遙地去國外旅行，花到一毛不剩才回來。這樣的情況亦持續了10年之久。

這輩子絕不會忘記的一句話

在葉子積勞成疾時，丈夫的態度也很冷淡。她在38歲時得知自己罹患子宮頸癌，醫師表示必須切除子宮進行治療。那時，丈夫口無遮攔地對她說道：

「沒了子宮的話，那妳以後就不是女人了耶。」

當時的這句話令葉子一輩子無法忘懷。從那天起，她連一根指頭都不讓丈夫觸碰。

咬牙忍耐的生活仍不斷持續著，但在葉子女士50歲時出現轉機。一名客人因擔心她的情況語重心長地表示「妳不改變自己的話，只會一輩子吃虧」，這句話則點醒了她。

葉子在53歲時發現自己罹患大腸癌，因動手術治療而住院。丈夫會來醫院探病，但每次不是抱怨就是挖苦「妳看起來比我健康耶，我都快要忙死了。」當時她還有各種檢查要做，每天深感不安，害怕癌細胞會轉移到其他器官，因此打從心底吶喊「拜託，求求你別來探病」。

在接下來的2個月裡，葉子經常望著病房的天花板，不斷想起那位客人所說的話。

「以後我不會再理那傢伙。」

葉子在心裡發誓，要在情感上與丈夫訣別，不再被他影響身心狀態。

爾後，丈夫在年逾60的階段，慢慢出現「濕落葉」的傾向（用來揶揄屆齡退休後的丈夫，待在家也沒事做，妻子走到哪就跟到哪的模樣）。葉子有預感夫妻兩人的立場將會逐漸逆轉。

葉子在60歲過後，開始過著完全漠視丈夫的生活。女兒也很討厭父親，更是徹底把他當隱形人。2年前，在丈夫動攝護腺癌手術時，女兒幫母親報了一箭之仇，對父親說道「你以後就不是男人了耶。」令葉子大感痛快，覺得女兒幫自己出了口氣。

如今一家之主的位置已完全由65歲的葉子取代，她成為經營者，將丈夫列為扶養親屬，彼此的地位也有180度的轉變。

「現在我全面占上風，日子過得超快樂。」

葉子整個人顯得相當快活，並認為「等到老公癡呆了才欺負他也沒意思」。

報復方式的第一招為不理不睬。無論丈夫說什麼一律回答「我聽不見——！」彼此都在家時則盡量避免跟他打照面。「我會趁他去廁所時，移動到其他房間。」其實她也不想做菜，但不想浪費錢供丈夫外食，所以才順便煮他的份。

一筆一筆都要討回來

最大的復仇行動，則留待丈夫長眠時實行。

這項計畫的內容為「將骨灰裝進可愛的袋子裡，放在山手線的電車行李架上！」

若葉子將骨灰置於架上直接下車的話，JR公司會將其當成失物處理。如果換成其他線路，感覺似乎會穿幫，因為山手線會不斷循環運行，應該比較難找出失主。若一直無人認領，過了JR公司所規定的保管期限時，就會被送交警方，供奉於無主納骨塔。

當葉子女士聽到客人說有人會將骨灰棄置在電車內時，直覺認為「就是這個！」忍不住想握拳叫好，笑得合不攏嘴。

實際上，骨灰被當成遺失物招領的個案究竟有多少呢？JR東日本公司的公關部表示「事涉個人隱私，所以不曾公開」，警視廳的公關部亦回覆「未曾公布過相關詳情」因而無從確認實際數字，但說不定不知道反而比較好……。

這令葉子有感而發，

「這應該不是單純因為沒錢才丟棄骨灰，畢竟沒錢的話，放在家裡供奉就好。肯定是恨之入骨才會做出這種行為。」

丈夫在一旁側耳傾聽了這段聊天內容，整個人顯得意志消沉，似乎察覺到自己也會面臨同樣的下場。

——這些年所受的委屈，我會一筆一筆討回來。你所做的壞事，最後都會報應在你自己身上！你就乖乖認命接受這一切吧~♪

葉子邊想邊忍不住哼唱起來。

萬一丈夫陷入生活無法自理的狀態時，又該當如何呢？若送到附近的養老院，據悉每個月需花費28萬日圓。

「我才不想為了這種人每個月付28萬日圓咧。應該就是放在家裡，任其自生自滅吧。一星期頂多幫他洗一次澡這樣。反正我會健健康康，死得乾脆俐落，不拖泥帶水。」葉子表示心意已決，光是想在心裡都覺得痛快。

所以骨灰罈就買價位3000日圓左右的就好，棺材也挑最便宜的來進行火葬，接著就是山手線伺候！不做到這一步絕不罷休。

「去死啦，混帳東西」的念頭出現不下數百回

結縭至今46年，「其中40年都處於挨打的狀態」。孩子已結婚獨立，孫子也已出生。葉子告訴自己要強大起來，邁入60歲後該過真正屬於自己的人生。

這40年來，「去死啦，混帳東西」的念頭出現不下數百回。想在半夜紮草人釘釘子下詛咒的次數也是多到數不清。但不能成為殺人犯的良心與理智把關，才讓自己懸崖勒馬。

丈夫從前大肆揮霍葉子賺來的血汗錢，卻還大言不慚地要她拚命工作，這樣家裡跟店裡才有她的容身之地。一想到離婚後可能也會被同一類型的渣男吸引，葉子女士便覺得「既然如此的話，跟這廢物在一起也沒差」而說服自己妥協。

葉子的父母親離異，正因如此，「才不想被『看衰』，而且一心只想護孩子周全，所以才沒選擇離婚。」

但她也暗自發誓，一定要把這一切都討回來，而且要拚命賺錢，能賺多少是多少。

之所以會有這麼深的怨念，終歸丈夫在她風華正茂的38歲時說出「沒了子宮的話，那妳以後就不是女人了耶」這種話，在她心裡留下深刻的傷痕。對抱病在身的妻子口無遮攔，實在太可惡。從那時起她便拒絕與丈夫有任何接觸，轉而與孩子同房睡。

當孩子們逐漸長大，房間不夠用時，她便以此為藉口對丈夫表示「從這裡通勤要花很多時間吧」，打算幫他租個套房趕他出門，但一想到每個月要為了他多支出10萬日圓就覺得很蠢，因而打消了念頭。在葉子確保資金周轉順暢，進行房屋增建時，丈夫看著類似儲物間的擴建部分，直嚷著「我要這個房間」，葉子心想「他上當了！」作戰成功，令她雀躍到想好好慶祝一番。完全就是透過翻新裝修將老公發配邊疆，不，應該說是棄之不理。在這之後，彼此在家裡便一直處於各自生活的狀態。

她對丈夫採零用金制，剛開始一個月給5萬日圓，逐漸減為3萬日圓，如今則是一個月2萬日圓，但丈夫皆乖乖接受。

「你應該知道，錢都被你玩光了吧。」

「你老是不認真工作，只顧著睡覺吧。」

當丈夫感冒時，葉子便趁機報復「自己的病自己醫喔」，丈夫則默不作聲，一句話都不吭。無論他做了多少好事來彌補，都無法消弭他當時所說的那句話。女人就是這麼難纏。

深怕被拋棄會活不下去的丈夫

儘管對丈夫恨之入骨，但葉子總認為直到孩子們滿20歲前不能離婚。單親家庭往往備受批評，在經濟與時間面上可能也會面臨難題，進而影響到孩子的將來。

丈夫似乎覺得若被妻子拋棄只有死路一條，因此對葉子言聽計從，不敢有所違逆。在他65歲過後即將邁入70歲時，整個人突然變得很溫順。可能是預見自己今後的處境，害怕變成孤單老人吧。葉子認為，在丈夫70歲左右尚未癡呆但已無力反抗的時期，就是最佳復仇時機。在她身懷六甲時遭到丈夫不聞不問，成天流連酒家的對待，這份陳年舊恨可謂深似海。

總之，就是豢養丈夫，然後，逼他工作到不能動為止。丈夫也說「我會做牛做馬到斷氣為止」。「哎喲，沒想到你也有稍微討喜的部分呢。最後你的骨灰會搭上山手線無限循環，還是安放於祖墳長眠，全在我的一念之間喲！」思及此就令葉子覺得有些興奮。

必須扛起生計的女人不得不堅強。不，應該說，因為丈夫太廢所以被迫堅強。可別忘了，男人也是由女人生下的！女人哺乳、換尿布，含辛茹苦好幾年才終於將孩子拉拔到會說話的程度。但男人長大後卻忘恩負義，奉行男尊女卑主義，自以為了不起。少瞧不起女人了！每當看到新聞時，葉子總會想著，日本怎不快點出個女首相。

男人把無謂的自尊看得跟性命一樣重。夫妻同姓的問題亦然。自己是否為一家之主、房子或車子是否登記在自己名下，都是他們無比在乎的事，當妻子居主導地位時，男人就會因為不爽而發飆。

直到5、6年前，葉子都還會在情人節送丈夫便宜的巧克力做做樣子。丈夫也會在她生日與結婚紀念日時贈送禮物。某年，葉子心想「都已經老夫老妻了，乾脆就免了吧」而未在情人節送巧克力，丈夫卻氣沖沖地責怪「為什麼沒送我」，之後便不再送禮物給葉子。「50日圓的巧克力他也好喔？」但也因此讓她感受到「男人真的既單純又愚蠢，反而很好操控」。

如同本篇開頭所述，葉子向稅理士諮詢過後，便叫丈夫寫好遺囑並前往公證事務所辦理認證手續。「我們有兩個孩子，為了預防他們因為繼承權起爭執，所以請你指定遺產全都過繼給我。我們老了以後他們一定不會照顧我們，到時就把房子賣了，住進養老院吧」葉子搬出冠冕堂皇的藉口。丈夫聞言表情變得和緩下來，「我也擔心會這樣」而欣然允諾。

長年相伴之情

葉子有一位朋友是全職主婦，非常積極地存私房錢。在丈夫屆齡退休後提議「孩子們都已經獨立，房子顯得空蕩蕩的，不如賣掉，買間公寓來住吧」，實際上卻是讓丈夫搬到租賃的公寓，自己則帶著賣屋所得款項逃走。葉子聽聞此事感到寒毛直豎，「咒老公去死搞不好還算可愛的呢」。另一位熟人則是對丈夫宣告「我要讓你變得身無分文」，將壽險解約並捲走所有資產遠走高飛。女人過了60歲或許已練就一身天不怕地不怕的本事。

還有一位友人的丈夫是高收入一族，年屆80依然性致高昂，這名75歲的友人拒絕與丈夫親熱後，丈夫便在外面結交情婦，甚至堂而皇之地問她：「妳要會會對方嗎？」那位丈夫是暴君，據說只要有事惹他不高興，就會從樓梯上踢翻裝著水的水桶，把家裡弄得一片狼藉。葉子安慰朋友「如果是我的話，肯定會把抹布水加進老公的味噌湯裡」。朋友聞言呵呵大笑，總算恢復活力。

其實葉子曾在強烈盼望丈夫「去死」的時期，拿他的牙刷來掃廁所，再若無其事地放回牙刷架。看到毫不知情的丈夫拿著那支牙刷刷牙時，就會覺得心頭一陣舒爽。每當朋友跟老公鬧得不愉快時，她就會推薦這個小小的復仇法。

即便內心無數次想殺了丈夫洩恨，所幸理智與道德觀總是令她及時踩煞車。不過，每當出現任何對丈夫感到惱火的情況時，40年來的怨恨就會隨之爆發。

她甚至還對丈夫說過「不准死在榻榻米上。被高級車撞，賺個1000萬日圓的保險金後再死。」丈夫只是不發一語靜靜地聽著。

不可思議的是，即便說出如此惡毒的話，下一瞬間兩人又會回歸到普通夫妻的對話。之所以不離婚，或許是出自於長年相伴之情。丈夫並非全然是個壞人。當葉子抱怨「朋友說的話讓我覺得很火大」時，丈夫就會勸她「妳啊，最好還是跟價值觀相同的人做朋友。」

在孩子上幼兒園的時期，葉子在家長會被認為打扮浮誇，而遭到莫須有的流言攻擊時，丈夫則建議她「妳真傻，有什麼想澄清的，直接當場把話說清楚不就好了」，葉子照做後，果然就沒人再說她的閒話。有時工作很累，回到家後就睡著，隔天早上丈夫會早起打掃家裡，雖然這是很偶爾，久久才會有一次的貼心舉動。或許就是因為這樣，她才沒有選擇離婚。

其實丈夫也是有一點點不錯的地方。而且，如果真的由我一人獨撐的話，應該也沒辦法開店到現在。所以「工作到死為止」這句話，反過來想，說不定是希望丈夫到死都能跟我在一起。

「可能只是因為我不想自己一個人包辦打掃洗衣所有事而已。不過，用老公牙刷洗廁所這種事我還是會持續做下去的。」

葉子賊賊一笑地補充道。

第四章

這才是丈夫的生存之道？「奶爸」們的現實與理想

由男性去幼兒園接送小孩上下課的情況已不再罕見。也有愈來愈多的男性不排斥穿上嬰兒背帶，揹著小寶寶出門。直到十多年前，若男性在平日帶著小孩逛大街，就會遭到側目被懷疑「這人是失業了嗎」，因此可謂今昔兩樣情。

然而就男性的立場而言，還會面臨一項根深蒂固的問題：只要職場的風氣不允許，縱使有心參與家務或育兒也無法如願。雖說時代在改變，正處於育兒階段的年輕世代的觀念亦不似從前，但上司世代的舊觀念卻造成代溝從中作梗。而嚴苛的就業情勢，更成為一大阻礙，令男性對成為「奶爸」感到卻步。

本章將針對這些「男人也不好受」的境遇與心理層面，以及在妻子眼中看來覺得「想法太天真」的部分做介紹，並從中找出丈夫該怎麼做才不會被咒死的線索。

「老實說，真的很艱辛」男性非正職員工的育兒路

「奶爸這種身分，應該僅限於能在育兒的同時還拿著名牌貨的富裕男性吧。」

一名研究女性勞動等問題的權威如此表示。

當個人的就業情況與收入不穩定時，就會對結婚與生孩子這兩件事造成極大的影響，在這種大環境下要兼顧家務與育兒，更是難上加難。

遲遲無法從非正職人員轉正的林田廣樹先生（化名，38歲），總是擔心不知何時會丟飯碗而感到很有壓力。

他出社會時正逢超級就業冰河期，不管面試多少家公司都未被錄取，只得不斷從事派遣工作與打工餬口。他從2年前開始在一家量販店工作，起初為鐘點人員，最近則「升」為約聘員工。1個月的帳面薪資為30萬日圓，但前提是每個月必須消化長達70小時的無薪加班。實際上被迫無薪加班的時數超過100小時，該公司卻以「我們是固定薪資制」來搪塞。出言抗議者會被提前終止契約，因此大家都不敢吭聲。除了與顧客互動之外，還得處理盤貨、訂貨、配送手續等工作，每天都忙得團團轉。只要出差錯就會被店長罵得狗血淋頭。

不過，在這裡有轉為正職的機會。一直以來都是非正職人員，實際收入頂多20萬日圓左右的廣樹認為「家有妻小要養，這或許是我最後的機會」而選擇咬牙忍耐拚下去。

從前正值工作衝刺階段的壯年男性，甚少有人是非正職員工，然而像廣樹這樣，身為非正職人員的男性比率不斷上升。（圖4－1）。比較1900年與2015年的數據會發現，25～34歲的男性非正職比率從3．2％增加為16．5％、35～44歲則從3．3％增加至9．5％（日本總務省「勞動力調查」）。

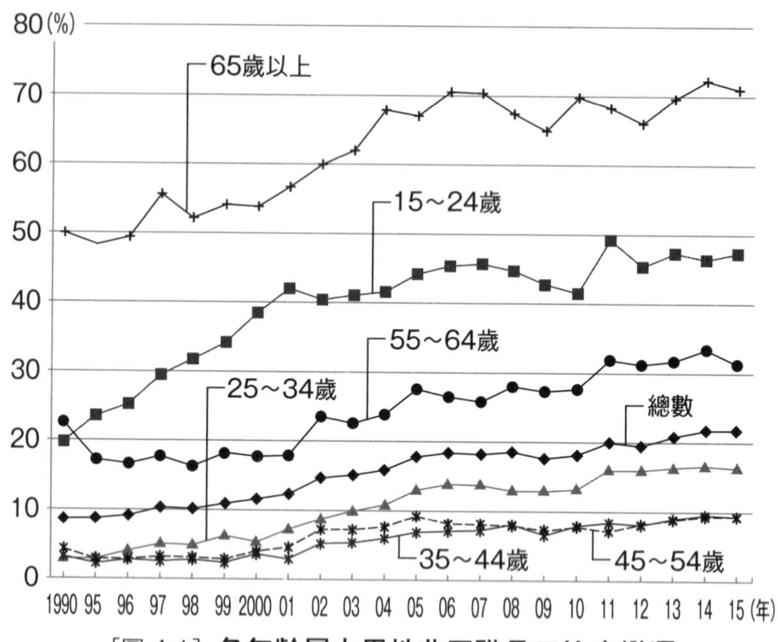

［圖 4-1］**各年齡層之男性非正職員工比率變遷**

出處：根據總務省「勞動力調查」製圖

有意願成為正職人員，卻因苦無機會而以非正職方式工作的「非自願型之非正職」比率，以30歲左右最高。根據總務省的調查，2015年的平均值為25～34歲占26.5％（71萬人）、35～44歲占17.9％（67萬人）。就薪資條件來看，比方說，以廣樹的年齡為例，35～39歲的男性正職人員每小時的薪資為1888日圓，非正職人員則是1068日圓，形成一大差距（厚勞省「薪資結構基本統計調查」2015年）。

廣樹的孩子才3歲，仍屬於需要費心照顧的時期，但因為每天被迫無薪加班，育兒大小事全交由妻子負責。雖覺得「過意不去」，但自身處於過勞狀態，身體吃不消根本毫無餘力。妻子亦為派遣員工，每3個月更新一次契約。若因為孩子生病發燒而經常請假，便無望續約，對此妻子亦深感煩惱，壓力很大。儘管理解彼此的現狀，妻子卻因為育兒導致情緒有點不穩定，在提出「你也幫忙帶一下孩子吧」的要求時順勢提到離婚一事，令廣樹覺得「老實說，真的很艱辛」。

原以為非正職人員夫妻也有辦法養育孩子，但現實卻是大不易。

「唉，這種生活究竟要過到什麼時候。既沒有存款，也沒有投保壽險的預算，一想到就算自己死掉也沒辦法讓妻子過上好日子時，就只能靠著拚命工作來賺錢。」

廣樹也想說出「男人並不輕鬆啊」的真心話，但除了死命安撫妻子之外別無他法，「我們兩人必須有一方確實賺取穩定的收入，不然要怎麼維持這個家。請妳再忍耐一下，我會努力轉正的。」

根據連合所做的第2回「非正職勞工之工作條件．意識相關實態調查」（2015年），男性非正職而且身為經濟支柱（其所得為家中主要收入）的比例，30世代約為3成、40世代約為5成。其中4分之1為家庭儲蓄掛零的狀態。有半數的男性希望能成為正職員工。有3

成的受訪者回答目前所任職的地方設有員工轉正制度，但也有約4成回答「不認為該制度具有實效性」。

無力再多分擔家事與育兒任務

非正職人員的就業環境不穩定，另一方面，正職員工也不一定就能高枕無憂。

任職於東京都內顧問公司的萩原雄一先生（化名，45歲）表示，「總之就是經常加班，但為了不被降職，也只能配合」，一點都不敢鬆懈。

雄一的工作為年薪制，單月100小時的加班時數在公司裡還算是比較少的。睡眠時間只有3～4個鐘頭也很稀鬆平常，醒著的時段都在工作。上級指派給他的客戶甚多，工作量經常超出負荷。由於同事動輒待不住離職，原本他們所負責的企業就變成由他接手。在工作上則是得處處配合顧客的要求。對方一聲令下「這個請在明天前做好」就只能全力達成任務，有些客戶甚至早上8點就安排開會必須交出資料。

能搭末班電車回家還算好的。有時直到深夜2、3點都還留在公司加班，由於業務內容涉及客戶資訊的管理，因此無法把工作帶回家處理。

根據總務省「勞動力調查」，每週平均勞動時間超過60小時的比率雖年年略減，不過以

2015年8.3%的數據來看，約莫每10人就有1人為長時間工作的狀態。

此外，Cross Marketing公司針對首都圈20～64歲男女所做的「長時間工作相關調查」（有效問卷數600份）顯示，有7.1%的40世代男性，每個月的加班時數超過100小時。不只如此，連合綜合生活開發研究所的「第30回 勞工短觀」（2015年）亦明確指出，約有1成的男性正職員工單月加班時數超過80小時。在該調查中回答「任職公司的營運狀況比1年前差」、「擔心會失業」的比例雙雙接近3成。由此可得知，員工們因為企業經營環境嚴峻，而不得不配合長時間工作的現況。

雄一也是一點都不輕鬆。妻子（39歲）在5年前生下第一胎，重返職場後周遭的態度卻很冷淡，因受到不友善的對待而被逼到離職。

當時妻子剛休完育嬰假，開始將孩子送托兒所，但孩子卻三天兩頭發燒。由於雄一無法臨時取消拜會客戶的行程，每次都是由妻子請假，因而遭到職場霸凌。

當初因為家中即將添新成員而讓夫妻倆決定買下公寓，並基於兩人同為正職員工的收入來申請房貸，所以妻子離職對生計所帶來打擊相當大。這也是逼得雄一必須沒日沒夜工作的原因之一。而且第二胎也接著來報到，必須賺更多錢來支付小孩的學費。排隊候補上幼兒園的兒童人數眾多，家中4歲與3歲稚子尚找不到園所就讀，因此妻子要再度就業似乎也有得等。

儘管疲累不堪到快要倒下的程度，只要週六或週日能有半天的時間不必上班，雄一就會帶著孩子去公園「讓妻子可以有1、2個小時獨自出門購物或做任何事的時間」。然而，妻子卻認為「在我休完育嬰假回歸職場時，如果老公願意稍微調整一下工作安排的話，我也不至於丟了飯碗」，夫妻關係也因此出現裂痕。每當雄一忙裡偷閒在家中翻閱一下報紙時，就會挨罵「欸！你別悠哉地看什麼報紙，幫忙做點什麼吧，我可是連這種閒工夫都沒有。」

就雄一的立場來看，「周遭的男同事根本也沒在帶孩子去公園玩的，相較之下，我不是好多了嗎？都快過勞死了，這已經是自己所能幫忙的極限，無力再多分擔任何的家事與育兒任務。」每每累到不成人形，甚至令他想跪地求饒「放過我吧」。

明治安田生活福祉研究所的「20～40世代之生產與育兒」（2014年8月），曾針對丈夫對育兒態度消極的理由進行調查，回答「因工作忙碌而沒有時間參與育兒、心無餘裕」者高達6成。另一方面，有46.3％的妻子認為丈夫不參與育兒是因為「仍以自己的時間與自由為優先」，較丈夫的24.3％多出2倍。在這裡亦可看出夫妻之間的感受差異。

別仗著短短2週就自以為了不起！

即便男性認為「平常忙於工作，至少也該請個育嬰假幫忙」，但其實從漫長的育兒路來看，男性的育嬰假期只不過是短短一瞬間罷了。丈夫因自我滿足而遭到妻子反擊的情況亦不在少數。

增田康幸先生（化名，36歲）是任職於製造業的工程師，他在第一個孩子出生後，請了2星期的育嬰假。妻子為全職主婦，不過彼此的老家都太遠，因此妻子在產後體力尚未恢復的期間可謂孤立無援。康幸平時經常忙碌到在公司過夜，因此決定「為辛苦的妻子請假」。所屬公司從未有過男員工請育嬰假的前例，康幸好不容易才說服上司順利請到假。與新生兒朝夕相處的這2個星期，令他感到既幸福又滿足，心想「太太一定也很開心」。然而，實際情況似乎跟他所預想的有所出入。

由於寶寶頻繁夜哭，必須經常抱在懷裡安撫才會停止哭泣，睡眠不足的妻子因而每天都會傳來怒氣衝天的訊息：「快點下班回家！你今天要幾點才回來」。一回到家，妻子就忙不迭地將寶寶遞給他，沒好氣地說「你抱一下孩子！」原本都是趁著孩子入睡時做家事的妻子表示「我實在累到兩眼昏花，做家事的時候根本沒辦法分神注意孩子的情況」，因而跟著孩子一起入睡。所以康幸在深夜回到家後必須自行洗衣與做晚餐，整個人也陷入疲勞困頓的狀態，還得承受妻子「你也該確實參與育兒」的責怪。

偶爾必須值夜班就會令他感到鬆一口氣。至少這段時間不必哄夜哭的寶寶，下班後還能正大光明地睡一覺。但妻子似乎也對此感到憤懣，「上夜班就是添麻煩，你趕緊把垃圾拿去丟！」

當康幸說出「好歹我也請了2週的育嬰假，妳也認同一下我的努力吧。」妻子反而數落起來，「請假是應該的好嗎！我生完後甚至虛弱到沒辦法下床走路的程度耶。才短短2週你別自以為了不起！反正你每天早點下班就對了。」

——唉，早點下班的話會被上司跟同事冷眼看待……。若真的每天這樣做，在公司的處境應該會變得很尷尬……。

但妻子實在太可怕，他絕對無法吐露這番真心話。

像這樣，家庭結構的核心化對育兒所造成的影響極為巨大，因此提供產後協助的地方行政單位也慢慢增加。

新好奶爸員工是企業的活招牌？

雖說積極參與育兒的男性員工有所增加，但職場環境實際上依然沒有變化。

某家地方企業因設有協助員工兼顧工作與育兒的完善制度而聞名，其中一名男性職員（30世代）則以新好奶爸之姿，被公司派去參加應屆畢業生的徵才博覽會當招牌，令其感到困惑。「育嬰假說穿了也只有2週的時間，再休下去就會被當作『冗員』」。他還道出實情「公司方面只是為了提升形象，以便取得政府認證的標章，我的育嬰假不過就是拿來做帳面成績而已。」

他所說的政府認證標章（Kurumin Mark）是指通過考核，被評選為積極協助員工育兒的企業便能獲頒此標章。根據培育次世代支援對策推進法，制定讓員工能兼顧工作與育兒的行動計畫，並達成目標的企業，就能獲得厚勞省認證為「友善育兒企業」。而其中一項要件就是「有1名以上的男性員工取得育嬰假」。

獲得認證後就能將此標章運用在商品或廣告上，可望收到提升企業形象之效。如今有愈來愈多人加入奶爸的行列，設有相關制度的公司在應屆畢業生中的人氣水漲船高，企業亦可獲得稅賦優惠措施。然而，若企業只想取得認證而流於表面形式的話，員工也很難無後顧之憂地請育嬰假。

某綜合貿易公司的男性員工也斬釘截鐵地表示「公司雖設立了協助員工兼顧工作與育兒的制度，但實情是，就連要請2星期的暑假都很困難，更別提男性職員的育嬰假了。」

站在妻子的角度來看，區區2週的育嬰假，或許只能稱之為紀念性活動。但男性要請育嬰假時，必須抱持著必死決心的情況依然普遍。

任職於關西地區某金融機構的男性（32歲）曾戰戰兢兢地試探上司的反應，「孩子即將出生，我想請育嬰假。」上司則不假思索地給軟釘子碰「你好好想想吧，這樣我們部門忙得過來嗎？」此事便沒了下文。這應該就是血淋淋的現實吧。

也會發生「職場爸爸育兒歧視」

即便妻子是全職主婦，男性也有資格申請育嬰假（丈夫為全職主夫，妻子為職場媽媽亦然），但申請率卻遲遲未見起色。男性育嬰假申請率從1996年度的0・12％上升至2013年度的2・03％，不過整體而言依舊低迷。實際休假天數也很短，根據2012年度的調查，依比率排列為「未滿5天」（41・3％）、「5天～未滿2週」（19・4％）、「1個月～未滿3個月」（17・9％）、「2週～未滿1個月」（14・8％），與其說是育嬰假倒比較接近陪產假，這就是現狀。

連合對男性勞工所進行的「職場爸爸育兒歧視相關調查」（2014年）中，有一題為「在所處職場中，你認為誰對男性參與育兒的『態度最友善』」，回答「沒有任何人」的受訪者最多，高達45．1％，其次為「同事、下屬（女性）」的15．9％。詢問職場是否設有「協助男性員工育兒的制度」，「有」占了43．3％，但回答「該制度充分獲得利用」者僅有8％。

「提出育嬰假申請但被駁回、想請育嬰假但無法提出」的背後原因（可複選），第1名為「沒有其他人手可替補」（57．9％），其次依序為「（育嬰假期間不支薪）會造成經濟負擔」（32．6％）、「上司不諒解」（30．2％）、「暫離崗位後恐怕無法回到原本所屬的職場」（26．9％）、「會影響升遷、加薪的考績」（22．2％）（圖4-2）。

以尚未有小孩的已婚男性為對象所做的調查，有26．3％的受訪者回答「孩子出生時想請育嬰假、覺得能申請成功」、有52．2％回答「想申請，但應該請不了」、回答「不會想請育嬰假」者則是21．5％。另外，有孩子的受訪者約莫半數回答「沒請過育嬰假，但其實很想請」，其中20世代更是高達6成，由此可窺見男性進退兩難的處境。

全體受訪者中，有11．6％表示遭遇過育兒歧視。

在這樣的職場環境下，因為請育嬰假、確實與妻子分擔育兒重擔的男性職員，在日後遭到降職、被上司歧視的情況亦不在少數。

任職於資訊業，負責研發工作的某男性工程師（35歲），夫妻倆在4年前歷經不孕治療

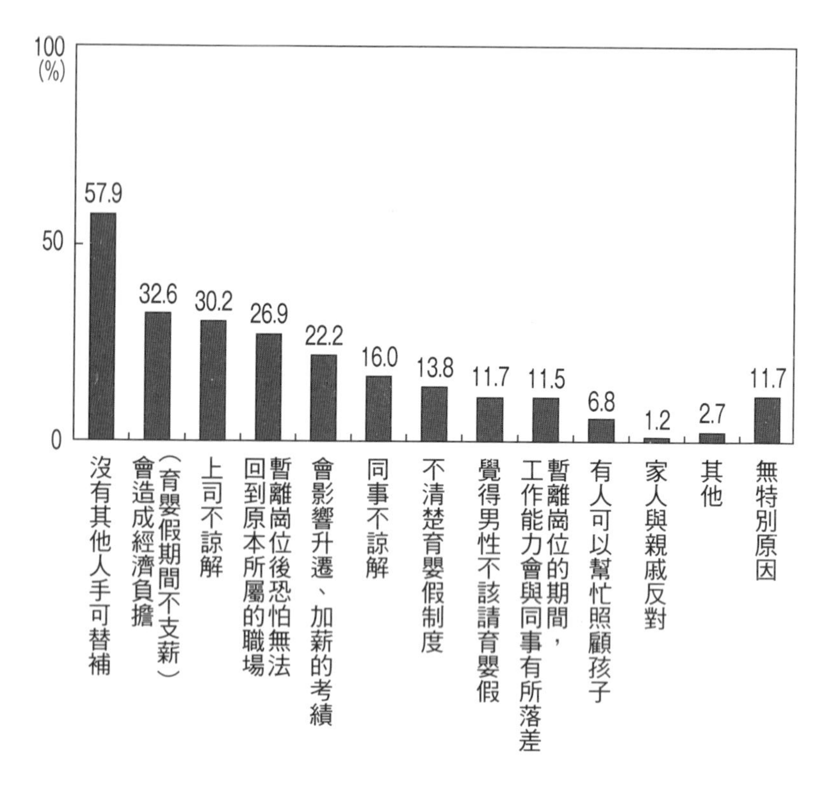

［圖 4-2］**提出育嬰假申請但被駁回、想請育嬰假但無法提出的理由**

出處：連合（日本勞動公會總連合會）「職場爸爸育兒歧視相關調查」

後，終於盼到心心念念的小生命。儘管被公司賦予重責大任，他還是請了3個月的育嬰假，在處理好休假期間的交接事宜後，正式告假。在他銷假重返職場後，卻被踢出專案。上司搬出「負責人換來換去的話，會讓客戶留下壞印象」的理由搪塞，但他知道，該名上司在他休假期間曾跟周遭吐露「男人請什麼育嬰假，簡直不把工作當一回事」。之後上司又跟他說「你經常因為孩子的事請假，所以不需要加班的地方應該比較適合你吧」，因而將他降職調到其他部門。

目睹這一連串過程的其他年輕男職員，遂不敢貿然做出申請育嬰假的決定。因為請育嬰假、為了參與育兒或家事而準時下班，極可能「影響升遷」、「在工作上無法獲得正當的評價」而令他們感到躊躇。

不利於找工作的奶爸心願

筆者首次撰文探討男性請育嬰假所受到的差別待遇，要回溯到十幾年前，尚任職於《週刊經濟學人》的2006年。當時適逢男女僱用機會均等法施行屆滿20年，因而推出「對女人與男人皆友善的職場環境」專題企畫，並寫下一篇名為〈資生堂首開先例推出男性員工育嬰假，半年後回歸職場反被譏諷「為何是你要休假」〉的報導（週刊經濟學人2006年10月3日號）。

當時，資生堂因完善的工作育兒兩相兼顧制度而馳名，其大阪工廠的某位男性正職員工，史無前例地正式取得半年的男性育嬰假。原本應該是一則「樹立新典範」的採訪報導，實際上卻不是這麼一回事。該名男性在請育嬰假前，在工作方面一切順遂。他的妻子在超級就業冰河期出社會，被在地的中小企業錄取，成為首位業務人員，必須駕車到處拜訪客戶。他們結婚時約定「彼此平均分擔育兒任務」，因此妻子先請了半年的育嬰假，他再接著請半年。這名男性開心地表示「小孩第一次開口說話居然是叫爸爸，讓我超驚喜的。」

然而，請太太也一起接受採訪時，她卻一臉不高興的樣子，接著說出「我先生重返職場後，同事們都不理他。」負責調度產線的這名男性，相較於妻子更能彈性調整工作安排，因此每當孩子突然生病，就會提早下班或請陪病假。此舉卻令他被上司盯上，「為什麼是身為男人的你必須請假」，不想受到波及的同事們遂與他漸行漸遠。縱使是雄霸一方的資生堂，也會因地因人，導致工作育兒兩相兼顧制度蒙上陰影。

在經過十多年後的現在，如同《AERA》2016年2月15日號所刊登的內容般，這個問題亦發生於應屆畢業生的求職活動中。

現今有很多男學生認為「以後若結婚有了孩子，會想請育嬰假」。然而，一名大四男學生在求職過程中切身體會到「想當新好奶爸反而不利」。

這名男學生在某金融機構的徵才說明會上舉手發問「男性員工也可以請育嬰假嗎？」人事負責人面帶笑容地回答「當然可以呀，這是員工應享的權利」，令他覺得「這間公司的職場環境應該挺友善的，或許可以待一輩子」。

他順利通過筆試與第一輪面試，感覺已十拿九穩，錄取在望，因而大膽地向面試官詢問各種細節，「男性員工中有多少人申請育嬰假呢？」「能請多久的時間呢？」「大家都是如何兼顧工作與育兒的呢？」

面試官聽完一臉狐疑地表示「你不覺得開口閉口育嬰假的很沒骨氣嗎？男人怎可能悠哉地請什麼育嬰假呀？連要請個1星期的暑假都很勉強了。你真的有心要工作嗎？我們這裡還必須配合調派耶。」

結果慘遭淘汰。至於其他企業，但凡在面試中提及「想請育嬰假」這個話題，最後一定會被刷下來，不知是否只是出於偶然。這令他感到錯愕，認為「男性似乎不被允許參與育兒」，因而暫時停止在面試時提到育嬰假的事。

這名大學生之後因為考慮到工作生活平衡，報考無須被調派至外地的「地域限定正職人員」，但面試官卻窮追猛打地問道「你現在一個人住，等開始工作後能搬回老家通勤嗎？父母親可還健在？」這家公司實際上很少需要加班，似乎能在工作與生活間取得平衡，但應屆畢業生的實領薪資為16萬日圓左右，將來也不會有太高的加薪幅度，所以才會以沒有房租壓力，能從老家通勤作為錄用的前提。

這名男學生表示「我會先去發給我錄取通知的企業報到，但請育嬰假這件事應該是不可能了吧。能讓員工經濟無虞而且兼顧育兒的企業，究竟在哪裡呢？」著實令他感到苦惱。

「有意願」也「辦不到」的現狀

年輕男性的觀念確實已逐漸改變。

旭化成房屋雙薪家庭研究所的「現今30世代丈夫之家事參與實態與意識」調查報告書分析，日本國中自1993年起、高中自1994年起，不分男女皆必須上「家政課」，現今30世代家事一把罩的新好男人、奶爸都是受到家政課程薰陶所培養出來的。

該報告書指出，從1989年開始進行該調查至今已過4分之1世紀，丈夫的家事參與度則與時俱進，大幅上升。由此可得知，現代的老公，尤其是雙薪家庭，平日就會多少做點家事，假日則更努力參與。在1991年的調查中，當孩子突然生病時，「主要是妻子請假」的比例大約占了6成，「夫妻輪流請假」約為2成。在2012年的調查中，問題內容雖不太相同，但回答「在孩子生病時會請假（請過假）」的雙薪家庭老公高達66％。這樣的結果，應該也與夫妻關係變得平等有關吧。該報告書所引用的博報堂生活綜合研究所「日本家庭25年變化」指出，認為「理想的夫妻關係」是「像朋友般」的比率逐年攀升。

此外，1998年成為一大分水嶺，「妻管嚴」的比例開始超越「大男人主義」，此現象也正好與雙薪家庭明顯多過單薪家庭的時期重疊。

此外，該報告書還將丈夫分成以下3種類型：全面參與做菜、洗衣、打掃、育兒的「超級家事爸爸」；主要參與育兒，較少做菜、洗衣的「微家事爸爸」；對整體家事、育兒參與度相當低的「零家事爸爸」。

超級家事爸爸大多集中於年輕世代，零家事爸爸則是以高齡者居多。在家務分工觀念方面，「夫妻各自選擇自身擅長的事項來負責就好」、「父親做家事能對孩子帶來正面影響」、「家事是全家人進行溝通的方法之一」對這些項目表示贊成的比例，皆由超級家事爸爸領先微家事與零家事爸爸。他們不但不覺得「家事是女人家的事」，還認為「做家事是自己在家庭內的重要任務」。像這樣的爸爸，媽媽肯定不會希望他去死一死。

內閣府「平成21年度檢討、評價少子化政策之網路等使用者意識調查 最終報告書」（2010年3月）中也指出，在30世代中，男性有22．6％、女性有23．4％回答「若夫妻雙方都有工作，家事應平均分擔」。然而，以年齡別來看夫妻實際的家事、育兒分擔比例時，「夫1成、妻9成」在全年齡層皆獨占鰲頭，在40世代中，回答「妻10成」的男性為8．6％，女性則占18．4％。

縱使丈夫「有意願」也「辦不到」，或許就是日本的現狀。即便如此，願意付出小小努力的丈夫也不在少數——。

這種心態太天真！

「偶爾下廚既能轉換心情，老婆也會很開心。」

如此深信不疑的田村良介先生（化名，29歲），對自身的「男子漢料理」相當有信心。他體恤身為職業婦女的妻子，每個月會挑1、2個週末展現手藝，做出講究的燉飯或什錦飯。妻子（28歲）總是笑瞇瞇地直誇「哇，真好吃～」令他感到很滿足。然而，兩人這番和樂融融的景象，在婚後頂多只維持了半年左右。

「喂，這是這麼回事啊？」

漸漸地，妻子在用完餐走進廚房後會開始唸他。若將用過的湯鍋、平底鍋與餐具擱在一旁時，就會挨罵「還不快整理？」有時失手把東西煮到快焦掉，就會遭妻子挖苦「久久才做一次菜的人，難怪會生疏呢。」

咦？我明明是想盡一點心力的呀……。

總之，就當作馬耳東風吧。只不過「現在只有2個人生活，倒還無所謂，小孩出生後又會如何呢？」思及此不禁令良介感到戒慎恐懼。

他向家有幼兒，而且必須上班工作的女性朋友請益，卻被笑「哎喲，1個月才做1、2次菜哪行啊」，據說朋友的丈夫至少每週末都會下廚做飯，平日也有1、2天負責煮晚餐。良介表示「我會做的菜沒那麼多，而且平日要上班哪有時間煮！」朋友則強調「這種心態太天真！育兒可是每天都在打仗耶。只不過是做一下菜，後續又不收拾整理好，如果是我的話一定會發飆。你們夫妻倆不是都有工作嗎？再加上又沒有小孩，對方肯定會覺得乾脆離婚算了。這情況很不妙啊。」

——自己真的有辦法做到這種程度嗎……？

良介試著在做完菜後清洗餐具，妻子則愉悅地誇獎他一番「這不就做得很好嗎！」他趁勝追擊，在平日傳訊息給妻子「今天由我來下廚」，結果在婚後第一次收到老婆加上愛心符號的回覆：「好喔♡」。

——原來如此。朝這方向努力就對了……。

一心想阻止被離婚的良介，決定悄悄展開挽救婚姻大作戰。

理想的丈夫會如何付出

男性本身也有不得已的苦衷，相信也有很多人默默地付出各種努力。然而，殘酷的是，結果仍舊端看妻子如何感受。

實際上，妻子所要求的家事與育兒參與度究竟須達到何種標準呢？這取決於個人的價值觀與家庭狀況，無法一概而論，在此大前提下，為讀者們介紹一則應算是接近理想的男性事例。

任職於教育相關組織的山野正人先生（化名，46歲），以沉穩的口吻娓娓道出自身的看法：

「我覺得家事應該不是『某一方必須負責』的事。」

「無論丈夫如何盡心盡力，也不保證妻子會感到幸福，這就是難處所在。正因如此，透過彼此都能接受的規則或分工方式來安排會比較理想。」

原本正人就認為「如果年薪有2000萬或3000萬日圓的話，或許根本沒必要成為奶爸。只管專心拚事業讓年薪能衝上5000萬，家事就交給妻子打點或請傭人處理就好。但像我們這種普通上班族，年薪上漲到一定程度就會打住，所以男性也應該參與家務。」

正人在大學畢業後便任職於非營利組織，25歲時與大學時代的同學結為連理。妻子在最近辭掉工作，結婚當時則是餐飲公司的正職人員。他們住在埼玉縣的恬靜清幽之地，附近有許多農園，要買一早現摘的水果也很方便。以當地所產的蔬菜製作餐點，小酌一番，著實愜意。

每年2月是正人工作最繁忙的時期，通常會有1星期的時間住進職場附近的飯店應戰。6月則是有一連串的出差行程，10天半個月都不在家。其他月份也經常要出差，所以他會在平時盡量出一份力。

每到星期日他就會主動做飯，並思考「明天要吃什麼好呢」，「那就來燉個芋頭吧」決定好菜色，烹煮完後就會裝入保鮮盒內保存。在小孩尚未出生前，他會在週末想好1週的菜單，然後由最先下班的人負責做晚餐。

小孩在他28歲時來報到。妻子雖然請了育嬰假，不過正人為了方便隨時照顧寶寶，直接睡在嬰兒床旁，孩子一哭便抱起來查看，「是尿布濕了嗎？」一邊予以安撫一邊換好尿布，對育兒感到樂在其中。某天，孩子突然抓著扶手站了起來，笑咪咪地看著他，正人的心瞬間被融化。

飯菜依舊由正人負責烹煮。他固定在週日大採買，並進行各種前置作業，像是魚類塗上味噌醃漬後送入冷凍庫、熬好副食品用的高湯，再注入製冰盒內冷凍，這樣一塊冰塊等於15cc的分量，方便調理。已結凍的高湯塊則收入夾鏈保鮮袋內保存，以用來煮粥。正人在做菜的同時想著「即便未與孩子同桌共餐，透過這個方式能讓孩子知道，這是爸爸為他做的。這樣也不至於跟家人完全沒有互動。」這令他感到雀躍，做得更起勁。

樂於成為「男歐巴桑」

在孩子開始上幼兒園後，只要時間允許，他就會主動接送孩子上下課，不過運動會等活動幾乎都因為有工作在身而不克參加。為了彌補這項缺憾，正人每天都會提筆寫聯絡簿，甚至令教保員打趣道「感覺很像在寫交換日記呢」，足見其寫得有多認真。

準備早餐與餵孩子吃飯也是由正人負責。女性在出門上班前必須化妝打扮，比較花時間，而正人一向認為「家務就是有餘力的人來做就好」順手接下這些任務。在早上的這1個小時裡，他會叫孩子起床、吃完準備好的早餐，量體溫再幫忙換衣服，接著整理自己的服裝儀容，聯絡簿也是利用這段時間寫完的。

每當孩子身體不舒服時，他就會請假照顧。孩子發燒生病總是來得突然，所以他從平常就養成提早完成待辦工作的習慣，以備不時之需。有時特休包含上一年度剩餘的天數能達到40天，不過往往會在年度末時瀕臨「魔術數字M1或M2」的窘境，亦即只剩1、2天，所以自己可沒本錢感冒請假。

夫妻在工作上有各自的淡旺季。提前告知彼此的預定行程進行調整的話，就不會起爭執。正人從這段時期開始，下班回到家後甚至還會為翌日的晚餐預做準備。像是先熬好天然高湯來煮味噌湯之類的。由於他平時便如此用心努力，因此在幼兒園結識了一大票的「媽媽友」。

正人稱呼自己是「男歐巴桑」，覺得天底下多一些願意提著購物籃出門買菜的男人也沒什麼不好。他亦客觀表示，當然不必人人如此，考量自身的狀況與處境來參與家事或育兒才是最重要的。

令自己感到快樂的育兒方式

在討論家務分工時，做妻子的總會忍不住抱怨「你什麼都不肯做」；另一方面，丈夫只要做了一點事就會主張「我有在做」。對此，雙方其實皆存在著偏見與誤解。家事是天經地義再普通不過的事，只要活著就必須面對，無法避開。女性雜誌或育兒書籍經常說「連哄帶騙地用計讓老公願意幫忙帶小孩」，這無異於主張男人是既單純又愚蠢的生物。與其花這種小心機，實際一起洗奶瓶、進行消毒，讓丈夫逐漸學會各種技能不是比較好嗎？

「相較於媽媽帶孩子，世人看待爸爸帶小孩的態度是比較寬容的。男性們就可以『利用』這點，跟小兒科醫師、教保員、媽媽友請教有關孩子的各種問題。在育兒過程中，另外找到除了妻子以外的請益對象，能事半功倍，輕鬆許多。」正人如此回顧自身的育兒路。實際帶著孩子出門時，反而有機會跟許多人說上一兩句話。育兒也應該讓自己感到快樂。

要另一半突然轉變為像正人那樣的理想夫婿應該頗有難度，不過如果丈夫能達到這番境地的話，世上的人妻們說不定也會對丈夫改觀，重感芳心蕩漾?!然而，能做到這種程度的男性畢竟少見，所以丈夫們終究得面臨究竟會淪為被咒死的對象，抑或被要求離婚的分岔路。

第五章

比離婚還划算?! 所以妻子才會盼望丈夫離世

名為離婚的選項

本書所採訪的太太們，內心其實渴望離婚，卻因為某些緣故而無法採取行動，所以才會盼望丈夫死亡。

話說回來，離婚真的如此傷神又費事嗎？

擅長處理離婚等家事訴訟，在採訪當時任職於藏前法律事務所的山崎新律師明確地表示：「若巴不得丈夫去死的話，或許考慮離婚也是一個方法。幾經猶豫最後選擇離婚，覺得身心都獲得解脫的人多到數不清。我不覺得離婚會比一味忍耐，盼另一半喪命還折騰人。之所以會希望丈夫死掉，或許是因為當事人認為夫妻離異予人的觀感欠佳，但我要說，真的沒有這回事。」

實際上，包括山崎律師處理過的案子在內，在當事人決定登門找律師求助前，深陷身體暴力、拿不到生活費等經濟暴力狀態的個案不在少數。

根據厚勞省的「人口動態調查」，日本2014年的離婚對數為22萬2107對，較上一年少。離婚對數在2002年創新高，達到28萬9836對，之後呈現連年下降的趨勢（圖5-1）。筆者觀察，這是因為不景氣與就業環境惡化，就算想離婚也不敢離才致使離婚率下降。離婚的原因大多為「個性不合」，但「遭到暴力相向」、「不給生活費」、「受

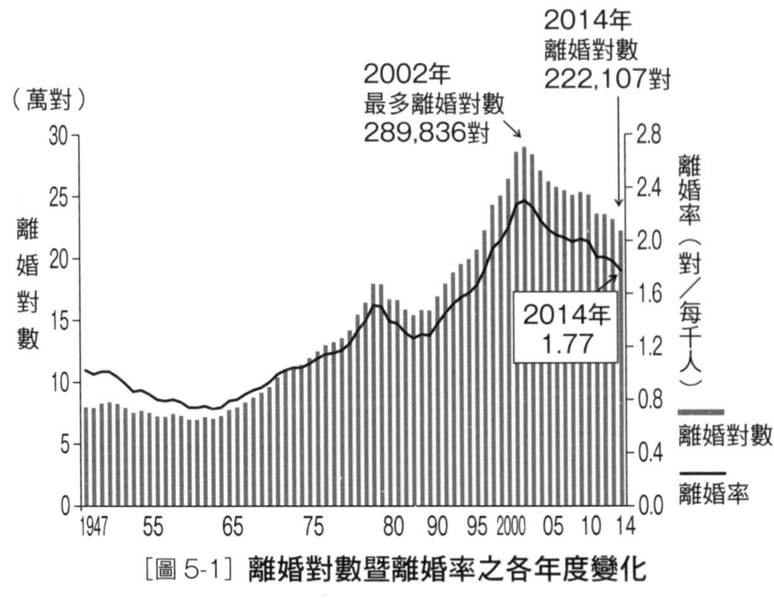

［圖 5-1］**離婚對數暨離婚率之各年度變化**

出處：厚生勞動省「平成26年人口動態統計月報年度（概數）概況」

到精神虐待」、「桃色糾紛」的比例亦相當高。筆者的上一本著作《紀實報導 單親母子家庭》（暫譯，2015年，筑摩新書出版）所採訪的事例，再再令人覺得離婚也只是剛好而已。

當雙方為了離婚而談不攏時，大多會轉而尋求律師的協助。會登門求助者都是因為飽受家庭暴力之苦、怕會帶給孩子不良影響、繼續與另一半過日子的危機感勝過離婚的不安等。所以，縱使丈夫下跪哭求妻子回心轉意，妻子的決心也絕不會動搖。

山崎律師建議「即便經濟尚無法獨立，若丈夫名下有財產，便能提出財產分配的請求。若丈夫與妻子皆缺乏經濟能力而對離婚感到躊躇時，終極手段就是申請生活扶助費，逐步達到自立脫貧的目標。」她鼓勵道：「蒐集外遇或家暴的證據的確不輕鬆，但就律師的立場來看，無論是誰最終都能離婚成功，只不過有些人要花較多時間。所以我認為不妨鼓起勇氣跨出第一步。」

收入較少的全職主婦或兼職人員帶著孩子離婚時，暫時接受生活扶助的個案亦不在少數。也有考取護理師執照，脫離生活困境的事例。還有離婚生效後，在丈夫支付養育費等費用前先接受生活扶助度過難關的救濟方法。事實上，有14．5%的離婚母親請領生活扶助費（厚勞省「全國單親母子家庭等調查」2011年度）。

擺脫經濟暴力

為讀者們介紹一則實際接受生活扶助進而決心離婚，目前正努力重建生活的個案。離婚的原因則是經濟暴力。

「女人負責賺錢，男人就會被慣壞。離婚接受生活扶助遠遠好過跟這種老公過日子。」

住在東京都內的西澤京子女士（化名，50歲）斬釘截鐵地如此表示。打從兩人結婚開始，就無法指望丈夫的收入，最後反而變成京子賺錢養他。丈夫原先似乎認為「女人賺得比較多＝有損自己身為男人的價值」，後來卻主張「我又賺不了多少錢，就交給妳來負責吧。」丈夫喜歡享樂度日，徹底依賴京子養家，他愛面子想當一家之主，卻無法成為家中的經濟支柱。

丈夫總是賺多少就花多少，把薪水玩到見底後，才將生活費交給京子並推拖「抱歉，這個月只能給5萬日圓」。房租就要7萬日圓，還得繳孩子的幼兒園費用，完全就是入不敷出。丈夫對此還理直氣壯地抱怨「我這麼辛苦工作，只能花這點錢嗎？」照他這樣說的話，結婚對女性而言根本沒有任何好處。跟丈夫在一起反而貧窮，接受生活扶助還比較有辦法過上好日子，與其在這種矛盾中掙扎，乾脆離婚還比較痛快。再說丈夫還有愛借錢的習慣，很怕他哪天會捅出什麼簍子來，更不能因為這樣害孩子背債。

離婚後，丈夫每個月只付1萬日圓的養育費，而且隨時都有可能付不出來。就連離婚前，他都還死纏爛打地要求「用妳的名義幫我借錢」打算拖京子下水。

遺屬年金能領多少？

離婚後沒有敗家的丈夫扯後腿，令京子覺得「如果不是離婚而是丈夫死掉，可以請領遺屬年金的話該有多好」。這項制度本身是以丈夫賺錢養家為前提，但她認為，這事實上是一個「利多制度」。

——她已經受夠結婚這種事，以後就是交交男朋友，或是跟同性知己保持往來應該就不至於孤單寂寞吧，最重要的是換來了平穩的生活。

每當思及此，就會令她忍不住覺得，所以，丈夫死掉就是最好的解方。

京子以前在人壽保險公司擔任業務員，曾調查過遺屬年金等制度，因而得知離婚與喪偶兩者的待遇有極大的差別，所以才會強烈認為「制度就是這樣設計的，所以老公死掉會比較划算，喪偶的補助很大手筆，若能再自行賺個5萬、10萬日圓的話，根本就不需要再找老公」。

接下來大略為讀者們解說一下日本遺屬年金制度內容。

配偶從事自營業，屬於國民年金被保險人，在保險有效期間死亡時，便符合請領「遺屬基礎年金」的資格要件；配偶為受薪族，屬於勞保年金被保險人，在保險有效期間死亡時，便符合請領「遺屬勞保年金」的資格要件。得以請領遺屬基礎年金者為，倚賴身故者維持生計的「有子女之配偶」或「子女」。而「子女」所指的對象為，未滿18歲至年滿18歲後的第一個3月31日止，以及身心障礙等級為1、2級，未滿20歲者，如若已婚則不符合資格。

遺屬勞保年金的請領者，必須符合倚賴身故者維持生計的這項基本條件，而且還有優先順序之分：①「有子女的妻子、有子女之年逾55歲的丈夫」、「子女」、「沒有子女的妻子」、「沒有子女之年逾55歲的丈夫」。②「年逾55歲之父母」、③「孫子女」、④「年逾55歲之祖父母」。第①項的前三名對象，除了遺屬勞保年金外，還能加領遺屬基礎年金與中高齡寡婦加算金額。若身亡的妻子為主要維持生計者時，丈夫必須符合年逾55歲這項嚴格的條件才得以請領，因此可說是對丈夫身亡的妻子較為有利的制度。

在遺屬基礎年金方面，有子女的配偶能領取78萬100日圓，外加子女加算金額，若請領人為子女時，則是78萬100日圓加上子女人數的加算金額。第一與第二位子女補助22萬4500日圓，第三位以後平均一人為7萬4800日圓。

符合申請遺屬勞保年金的資格時，除了上述的遺屬基礎年金外還能加領遺屬勞保年金。關於這點，2003年3月以前與4月以後的計算方式有所改變。2003年3月以前為，平均月投保薪資（各月基本薪資總額除以投保期間）×7．125÷1000，再乘上2003年3月前的投保期間月數進行計算。2003年4月以後為，平均投保薪資（各月基本薪資加基本獎金之總額除以投保期間）×5．481÷1000，再乘上2013年4月以後的投保期間月數進行計算，兩者計算結果相加之後再乘以4分之3。

比方說，自2000年4月開始工作，月薪30萬日圓的上班族丈夫與全職主婦妻子，育有1名孩子，若丈夫於2016年3月死亡，遺屬勞保年金為26萬9333日圓，再加上遺屬基礎年金，以及1名子女可多領22萬4500日圓，總計可請領127萬3993日圓。

單純計算等於月領10萬日圓左右。除此之外，以貸款買房時，幾乎所有的貸款人都會加入團體信用保險，只要是以丈夫個人名義辦理房貸，在其身故後，所有貸款金額都會獲得保障，因此遺屬無須還款便能直接擁有房子。若以丈夫名義投保教育保險，在其身故時亦能獲得保障，無須支付剩餘的保險費，便能領取滿期保險金。不必繳房貸、學費又有著落，直到孩子滿18歲前，每個月大約能領到10萬日圓，就算不找全職工作，生活也不至於過不下去。

建構讓女性有辦法獨力養育孩子的社會環境

事實上，單親媽媽的工作收入往往比一般所預想的還要低。根據厚勞省的調查，2010年單親母子家庭的「工作收入」為181萬日圓。若再加上生活扶助費、子女生活津貼等社會保障給付金，離異配偶所支付的養育費、父母親所資助的生活費、房租、地租等，「平均收入」也不高，只有223萬日圓。此外，未曾收到養育費的單親媽媽則超過6成。即便收到養育費，就平均金額為4萬3482日圓的水準來看，應該也無法堪稱足夠吧。

在這樣的背景下，離婚後的單親媽媽有14.5%接受生活扶助乃日本的現狀。另外，在單親母子家庭方面，在母親所領取的公有年金中，遺屬年金占了75.6%的比率。公有年金的每月領取平均金額為11萬9000日圓。

國民年金制度中還有一項勞保年金保險所未含有的措施，只要符合一定的條件，便能申請「死亡給付」與「寡婦年金」。屬於第1類被保險人（由自營業者或學生等加保），而且繳納保費期間超過3年時，遺屬便得以請領死亡給付。金額會隨著保費繳納月數變動，最低12萬日圓，最高為32萬日圓。

寡婦年金是指，丈夫在過世時屬於第1類被保險人，繳納保費與免除保費期間加總超過25年，而且妻子倚賴丈夫維持生計，以及與丈夫的婚姻關係（含事實婚）持續10年以上時，便能在60歲至65歲這段期間請領。金額則是以丈夫死亡前一日身為第1類被保險人的投保期間計算，額度為老齡基礎年金的4分之3。

知曉寡婦年金措施的京子，因為「婚姻關係得維持10年才符合資格」，而克制住希望丈夫早點死一死的情緒。一向不停換工作的丈夫也有加保國民年金。若京子要在丈夫死亡後領取「寡婦年金」的話，要件就是丈夫必須以國民年金第1類被保險人身分，繳納保費逾

25年，而且兩人婚姻關係超過10年，並由丈夫負責維持生計。換句話說，這段婚姻至少得持續10年，而這件事總是不斷地提醒著她。所以結婚經過10年後，就可以開始期待領遺屬年金的生活。

——只要老公在婚後10年與世長辭，就能繼續當賢妻良母，不必再看他的臉色，包括寡婦年金在內，生活費就會自動入袋，這不就是最美好的生活嗎？

原本京子認為這樣的制度會妨礙女性自立，因而感到排斥，但漸漸轉念「畢竟現行的結婚制度是由男人建立的，所以跟著規則走也沒什麼不對。再說，都是因為這個男人才害我現在這麼痛苦。」

就算沒有飯桶老公聊勝於無的協助，若幼兒園與學童課後托育制度健全的話，靠著自己工作應該就有辦法過活。自己肯定能咬緊牙關拚下去。京子切身體會到，這個國家需要更多照顧兒童的社會福利政策。

「真心祈求政府能對兒童提供更完善豐富的援助制度，多撥一點預算給兒童。希望我們的社會環境能讓女性不必依附男性，也有辦法獨力養育孩子。就是因為即使對另一半絕望也無法毅然離開重新來過，所以才會盼望對方死掉，這就是日本現行社會制度所造成的現象。」

京子在順利離婚後的現在，如此有感而發地表示。

要讓盼望丈夫死掉的妻子人數轉少，從反面角度來思考，終究要從根本開始檢討社會保障等社會福利制度，然而到目前為止，其實是由娘家在負責本該由社會福利政策保障的項目。

與債台高築的丈夫離婚

美髮師秋野沙耶小姐（化名，38歲），是一名育有10歲、7歲、5歲小孩的單親媽媽。現已搬回娘家生活。

她在28歲時與國家公務員結婚。由於丈夫經常被轉調，所以她也「夫唱婦隨，同進退」而成為全職主婦，在日本全國各地輾轉，最後卻因為丈夫的債務而離婚。

約莫在孩子4個月大時，家中一連收到好幾張催促繳交欠款的通知單。詢問丈夫理由，他卻緊閉雙唇不發一語。他從好幾十家消費金融公司總共借了460萬日圓的款項，而且還將孩子的教育保險解約，花到一毛不剩。債款靠著沙耶的積蓄與丈夫的父母親救火才全數清償。明明向父母親借來的款項都還沒還完，丈夫又新添了一筆200萬日圓的債務。被沙耶質問一番後，他才說「每個月零用錢才2～3萬，實在太少了」把問題怪到妻子頭上。他的實領薪資為24萬日圓，所以這樣的零用錢額度應該算是合情合理吧。

「要是再有第三次，我絕對不會幫你。」

過了半年後，又再度發現丈夫借了300萬日圓。沙耶砸下10萬日圓請徵信社進行調查，這才得知真相，懷疑他應該是因為玩老虎機輸錢才不斷借錢。丈夫總推託工作很忙，變得只在六日才回家，不管問他什麼都沉默到底。他有兩支手機，卻不肯告訴沙耶第二支的號碼。再加上每個月的手機通信費高達5萬日圓，行為愈來愈可疑。

沙耶下定決心要離婚，開始悄悄著手進行準備。時值二寶就讀幼兒園中班的秋天。她計畫，要等到這孩子上小學後再辦理離婚。

既已決定要離婚，每當丈夫領到獎金時，沙耶幾乎就會原封不動地存入自己的銀行戶頭，在這3～4年間存了1200萬日圓。有積蓄傍身令她感到心有餘裕，宛如吃了定心丸般可以充滿自信地與丈夫分道揚鑣。

她祭出催款通知單與離婚登記申請書，態度強硬地說道「你知道要怎麼做吧」，丈夫則乖乖就範。

「離婚後整個人變得好輕鬆，終於可以擺脫債務壓力」，沙耶帶著煥然一新的心情投靠娘家，重新出發。

婚後成為全職主婦的沙耶於離婚後，在娘家對面新開的超市從事時薪900日圓的兼職收銀工作。這是因為考量到孩子可以在下課後順道過來找她的緣故。工作時間為早上9點半至傍晚5點半，1週上4天班。

幼兒園亦無法全面提供協助的現實

對於養育幼兒的單親爸媽而言，幼兒園乃不可或缺的機構，但有時反而會妨礙家長就業。沙耶讓孩子就讀公立幼兒園，但因孩子患有氣喘，只要出現一點咳嗽症狀，園方就會急忙聯絡，令她無法專心工作。體溫達37．4度時，就會接到必須去接孩子回家的電話。也曾發生過匆匆忙忙趕去接小孩，結果並不是發燒，只是因為午睡後體溫上升而已。教保員會散發出一種「小朋友一有狀況就回家休息，我們也比較好做事」的氛圍，導致孩子情緒變得不穩定，有時甚至不肯說話，因此換了好幾家幼兒園。

現在沙耶回歸美髮師的行列，1天工作4小時，月薪約10萬日圓。丈夫每個月固定支付6萬日圓的養育費，發放獎金時則會匯給她20萬日圓，再加上子女生活津貼，全部加總起來1個月平均有10萬日圓進帳。針對單親家庭所給付的子女生活津貼，若只有一個孩子時為「全額給付」1個月為4萬1020日圓，但金額會根據家長所得而遞減，給付額度為４萬１０１０日圓至９６８０日圓不等。若有２名以上的子女，第２人的加算額為５０００日圓，３人以上時平均每人為３０００日圓（２０１６年3月之資料）。

以沙耶為例，１個月總計有20萬日圓的收入，由於娘家幫忙負擔房租與生活費，所以目前還算過得去。如果沒有娘家後援、離婚又談不攏時，又會是何種景象呢？所以妻子才會因為進退維谷而衍生出期盼丈夫死亡的心態。

一波三折的離婚調解

「嗯？我從沒有過希望老公去死的想法，不過，仔細想想似乎……」

——酒精成癮的丈夫似乎變得很虛弱，就調解日當天所見，很明顯地就是健康出問題。或許死期將近也說不定。但他總是看似快沒命卻又死不了。只要再等個10年左右……。不，已演變為心理依賴的成癮症，據說死亡率相當高，必須預做準備才行。這麼說來，或許自己在內心某處其實是期待著丈夫死亡的？

正在進行離婚調解的三浦絢子小姐（化名，45歲）是本單元的受訪者，筆者曾在《紀實報導 單親母子家庭》（筑摩新書，２０１５年出版）一書中提到，絢子的丈夫原本是位醫師，因為罹患憂鬱症而離職，之後陷入酒精成癮的狀態導致家庭破碎，而讓她決意離婚。絢子育有2子，丈夫沒有工作、罹患憂鬱症這兩件事她都能忍耐，但酒精成癮後會對小兒子暴力相向這點令她無法接受，因而決心離婚。丈夫帶走了溺愛的大兒子，兩人就此展開分居生活。

與絢子聊到後續經過才得知，離婚調解歷經一波三折。

2016年1月，在約定進行採訪當天，絢子在上午剛出席完調解庭並帶來了好消息，今後可以探視被丈夫帶走的大兒子。只不過，當初是向丈夫居住地的家事法院聲請調解，搬家的話又得從新來過，令絢子唉聲嘆氣。

不知道必須經過調解程序才能進行離婚訴訟的絢子，一心只想找到律師解決此事，首先便在這一關吃足苦頭。明明網頁上寫著「歡迎隨時與我們聯絡」，但實際進行洽詢時，由於自身不具備任何離婚相關基礎知識，也不知道該從何問起，反被對方催促「請問妳打算採取什麼行動？調解？還是離婚協議？」

選定律師後，首先為了爭取分居時被丈夫帶走的長子監護權而聲請調解。向律師告知此事時，律師表示「妳應該早點跟我說的」，但她對調解流程與調解所代表的意義毫無概念，根本也搞不太清楚狀況。當時她與丈夫之間尚處於無法溝通對話的狀態，拖拖拉拉到最後，從聲請調解到實際進行總共花了2個月的時間。

在絢子提出與大兒子會面交往的聲請時，丈夫反而固執起來，想方設法阻止他們母子見面。由於不想與丈夫起衝突，所以撤回了這項調解。

沒想到丈夫彷彿守株待兔般，隨後對絢子請求家庭生活費用（生活費）並聲請調解，彼此進入第2回合的攻防戰。丈夫還接著要求與絢子同住的小兒子之探視權，甚至提起離婚訴訟。

「這個老公真的有夠廢，明明住在老家，卻因為自己沒有收入而提出家庭生活費的請求，一時之間令我難以置信『這傢伙竟然不要臉到這種程度』。」

家庭生活費用與財產分配

若丈夫死亡能換來一筆錢財的話，或許還能耐著性子等待那一天到來，但絢子的情況卻不是這麼一回事。她不情願地答應支付家庭生活費用，也允許丈夫探視小兒子，以換來與大兒子會面交往的權利。家庭生活費從丈夫提出聲請的那一天起開始支付，他按照標準計算方式要求絢子月付3～4萬日圓，但被減至1萬5000日圓。絢子打算等丈夫找到工作後就當作沒這回事。畢竟她還有公寓的房貸要付，家計透支，所以決定用漸漸淡出的方式來擺脫這件事。丈夫在1年前找到工作，搬到千葉縣住，但僅待1個半月便辭職走人，結果絢子仍得繼續支付家庭生活費用。

家庭生活費用是從聲請日開始起算的，反過來說，其實就是愈早提出愈好，因為這筆費用無法追溯請求。本篇個案為丈夫向妻子提出請求，但大多數的情況是妻子向丈夫提出請求。在分居期間，許多女性的經濟會陷入困難，而這段期間的家庭生活費用必須主動提出才有辦法領到，但當事人往往不清楚這點。絢子深感，假如丈夫有收入的話，一分居就應該立刻請求家庭生活費用。只要有拿到錢，不必走到離婚這一步也有辦法過活，或許心裡就會踏實一點。

在財產分配方面，雙方則僵持了1年半之久。丈夫主張「妳的財產應該不只這些」，要求絢子確認連她自己也不太清楚明細、婚前所開設之銀行帳戶。為此必須跑好幾家銀行申請存款餘額證明書。最麻煩的則是股票與基金。存款部分只要提出分居時的餘額就好，但股票與房子卻是以時價計算。最近股價翻倍，等於丈夫能分到更多錢，實在不妙！

原本對丈夫保密的網路證券帳戶也露了餡，必須公開相關明細。除了金融機構所郵寄的信函、存摺與金融卡外，還得當心留存於電腦的網路瀏覽紀錄。

誠然，夫妻應該確實公開彼此的財產，但絢子的丈夫長期沒有工作，卻必須分給他一半的財產，就絢子的立場而言會覺得「開什麼玩笑！」無論從哪方面來看，彼此對家計的貢獻度實在相差甚遠。

財產分配也是從分居日起算，在這之前若不先將財產轉移到別處，就無法逃過提出存款餘額證明的命運。這種事連晚了一天都不行。即便主張因為購物或貸款而預定扣繳大額款項也無法獲得通融。

為了要離這個婚，針對孩子的探視權調解了3次、家庭生活費用1次、離婚事宜2次，然後打了2次的離婚官司、2次的監護權審判、對丈夫提起返還借款訴訟1次……。次數多到甚至令絢子認真考慮「不然乾脆活用這些經驗改當離婚顧問好了」。

前述的山崎律師則指出：

「如今男性非正職人員的比例增加，無法保證丈夫有辦法持續支付足夠的扶養費。高達6成的女性因為生產而辭去工作，即便勞參率會逐漸回升呈M型曲線，但女性再就業後幾乎都是非正職人員，薪資曲線甚至只降不升。像現行的制度這樣，只靠清算夫妻兩人的財產來進行分配時，若彼此皆兩袖清風，那麼妻子離婚後根本沒有任何保障可言。而且在此個案中，以小孩名義投保的教育保險與存款也都得分一半給前夫，不禁令人產生疑問，這樣真的對嗎？

難道不能改成，以補償對方所失去的賺錢機會的形式來進行財產分配嗎？若因為為人妻為人母而犧牲了原本可以工作賺取薪資的機會，那麼離婚後，以丈夫的財產進行分配給予補償才算公平。

再者，除了扶養費外，因生產離職所造成的工作利益損失，也應該以生活保障費之類的方式做出彌補。在男女薪資差距極大的日本，為了不讓步入婚姻而失去工作機會的許多女性，又因為離婚而蒙受損失，今後有重新檢討相關制度的必要。」

有辦法長期照護已經不愛的丈夫嗎？

在實際成為單親媽媽的現在，絢子切身感受到「縱使工作與育兒再辛苦，能走上自己所選擇的路一切就算值得。」

「婚姻是一紙可怕的契約，比貸款35年還可怕。貸款還可以提前清償，丈夫卻是賣也賣不掉的存在。如果身體健康就算了，但夫妻就是得有難同當。可能會沒錢，也可能會生病，即便盼望另一半死掉，婚姻的枷鎖仍如影隨形。」絢子如此表示。

的確，日本民法規定擁有婚姻關係的夫妻負有相互協助、扶持的義務。日本民法第752條規定「夫妻應同居、相互協助與扶持」、第760條規定「夫妻應考量資產、收入以及其他所有情況，分擔因婚姻生活所產生的費用」、第761條規定「夫妻一方就日常家務與第三人成立法律行為時，另一方對由此產生的債務負連帶責任。（但事先告知第三人，不對此債務負責任者，則不在此限）」。

絢子有感而發地表示：

「自己有辦法長期照護已經不愛的丈夫嗎？有辦法照護丈夫的雙親嗎？即便想離婚，但若遇到丈夫健康出狀況時，感覺就像見死不救般，自己也不會好受。等到丈夫病倒陷入生活無法自理的狀態時，就離不了婚了。若要離異，最好趁對方還健康時趕緊處理。雖然覺得如果已經不愛的話，乾脆離婚會比較好，但實際上卻無法這麼做，這就是日本。」

附帶一提，假若丈夫罹患失智症或是需要長期照護時，可以辦理離婚嗎？對此，前述的山崎律師解釋「原則上，不具意思能力之意思表示是無效的」。

假設在丈夫罹患失智症後才想離婚，讓已經無法辨識離婚之意的伴侶在離婚登記申請書上簽字，並遞件辦理離婚是無法生效的。當另一半罹患失智症時，必須請法院選任其法定代理人，再對其法定代理人提起離婚訴訟。

那麼，如果是需要長期照護的狀態時，又是如何呢？山崎律師接續道：

「關於長期照護的部分，一般來說，家屬皆負有『同居義務』與『扶養義務』，但若未做到所謂的『身上監護』（照顧當事人的生活起居），也不會被法院下令強制負起照護之責，或受到任何處罰。也就是說，無法以『不看顧生病家人是違法的』論點來對家屬問罪。」

若覺得將來絕對不願意長期照護丈夫的話，至少應趁著對方出現失智症症狀前便辦妥離婚手續。

男女大不同的結婚觀與無性生活

事實上，現代夫婦之間的觀念差距也一點一滴地具體顯現。

首先，從結婚動機開始，男性與女性之間就已存在著差異。

查閱日本國立社會保障・人口問題研究所「第14回出生動態基本調查 關於結婚與生產之全國調查 單身者調查結果概要」（2010年）會發現，在「擇偶條件」方面，男女有志一同，最重視「性格」，占了壓倒性比例，其他共通的項目有「家事能力」、「對工作的包容與理解」。最大的差異在於，男性注重「外貌」，女性則看重「經濟能力」與「職業」。

明治安田生命生活福祉研究所第7回「關於結婚・生產之調查」，針對20～30世代的未婚者進行訪查，在「想結婚的理由」方面，最多女性回答「想要孩子」（20世代為58%、30世代為48・1%），領先「想跟心愛之人一起生活」好幾個百分比。另一方面，最多男性回答「想跟心愛之人一起生活」（20世代為70．5％、30世代為66．5％），「想要孩子」在20世代為37．6％，在30世代為40．2％。女性會因為想要孩子而渴望結婚，男性則是因為愛對方而考慮結婚。這個起跑點上的差異，似乎會逐年擴大。

瑞可利婚姻總研的「夫妻關係調查2011」顯示，「自己是愛著另一半」的比率，在結婚1～3年階段，男性為92．2％，女性為89．7％，差距不大，但女性在結婚11年過後會驟降至50％左右。結婚超過31年時，男性為76．5％，女性則遠落在54．6％。2015年所做的調查亦指出，60世代夫妻之間的差距頗大，「對夫妻關係感到滿足的比率」，相較於丈夫的75．3％，妻子則是61．4％。

對夫妻關係感到不滿、覺得已經不愛丈夫，自然就無法將對方視為「異性」看待，最後就會如同本書所採訪的個案般，走向無性婚姻一途。

接著來看相模橡膠工業於2013年所進行的網路問卷調查「日本性事」的結果。

在此份問卷中，針對已婚者、有交往對象者提問「您認為您與另一半、交往對象，符合一般所謂的無性生活嗎？」有55．2％的已婚者回答「我認為是」，尤其是40～50世代男性，回答是的比例高達6成。詢問回答性愛次數很少的受訪者「是否想多增加性愛次數？」有75．2％的男性回答「想」，不過女性僅停留於35．8％，而且男女之間的差距會隨著年齡層的上升而拉開。

再針對「想多增加性愛次數」的回答者詢問「您認為性愛次數比您所期待的還要少的原因是什麼？」無論男女皆最多人回答「對方沒有意願」。也有很多20～30世代的女性回答「很忙沒時間、很累」。至於令女性覺得性趣缺缺的原因，30～40世代最多的回答是「很麻煩」、「沒有性慾」、「忙於工作與家事，累到提不起勁」。有1成的40世代女性回答「對另一半沒有愛」也是不容忽視的結果。

日本家族計畫協會所進行的「第7回 男女生活與意識之調查」（２０１４年），亦能看出夫妻無性生活化的趨勢。擁有婚姻關係的男女「已超過1個月沒有性生活」的比率，在２００４年為31．９％，２０１４年則上升至44．６％。16～49歲的男女受訪者對於性愛感到「沒興趣」與「厭惡」所加起來的比率，占男性整體的18．３％、女性整體的47％。這項理由在30歲後半至40歲前半的男女之間亦出現差距，相對於35～39歲男性的19％，女性為41．２％；相對於40～44歲男性的20．９％，女性則為55．１％。無法對性愛積極的原因，居男性之冠者為「工作很累」，女性為「覺得麻煩」。

肌膚之親的次數變化，或許透露出妻子盼望丈夫死掉的徵兆。

再來看另一項由瑞可利婚姻總研所做的「夫妻關係調查２０１１」結果。在該調查中，針對「夫妻關係」所做的回答，男性與女性相差10個百分點以上的項目為「自己是愛著另一半的」、「自己是信賴著另一半的」、「與另一半在一起時感到快樂、安穩」等，而且一概都是男性的比率比較高。尤其是在「即使需要犧牲自我，也要讓另一半幸福」的這個項目，男性的比率較女性大幅偏高（圖5－2）。看到這裡或許會忍不住覺得男性是頗為可憐的存在，然而，結婚時的姓氏選擇其實也是造成男女雙方在「起跑點上產生感受落差」的潛在原因。

本書所採訪的女性多半對只因身為女性這個理由，就「機械式地」被迫改姓的做法感到無法認同，並在此狀況下踏入婚姻這條不歸路。

強制夫妻同姓為婚姻路埋下陰影

社人研「第5回全國家庭動態調查」指出，59歲以下的受訪者中，有4～5成贊成「夫與妻沒有必要同姓、各自維持原本的姓氏也無所謂」的觀點，60～70歲世代也有3成表示贊同。

第一章的志穗小姐對於改為夫姓這件事，強烈感到排斥，認為「這不是我的名字」，聽到他人以丈夫的姓氏稱呼她時，往往伴隨著巨大的精神痛苦。再加上丈夫毫無主見缺乏

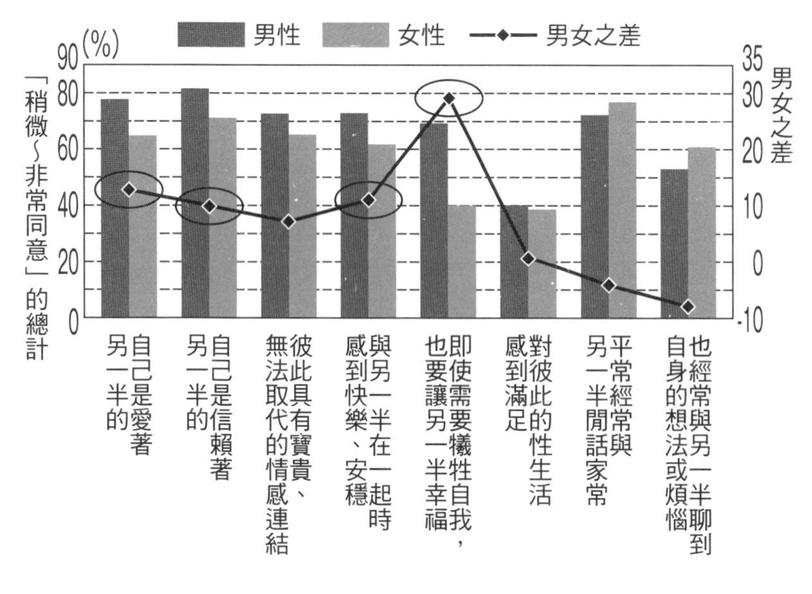

[圖 5-2] **夫婦間的感受落差**

出處：瑞可利婚姻總研「夫妻關係調查2011」

行動力，更令她覺得「實在恨透了因為步入婚姻就得跟對方姓這種事」。至今，她的信用卡與銀行帳戶仍使用原本的姓氏，未曾加以變更。

志穗愈想愈生氣「明明平時軟弱得跟什麼似的，仗著自己是男的就推說不想改姓，真的很令人火大」，「該不會以後骨灰還得跟他的埋在一起，送進刻著他們家姓氏的祖墳裡吧？」志穗表示每每思及此，就令她感到毛骨悚然。

第二章咲子小姐的丈夫，每當兩人因為某些事爭吵時就會搬出「要我改姓山本也沒關係」這句話。山本是咲子原本的姓氏。丈夫的腦袋瓜似乎認為「選擇姓氏＝負責養家」，所以才會不負責任地說出「到時就換妳養我跟孩子，我也不想再出生活費」這種話。這樣的言論根本就是放馬後炮。當初遞交結婚登記申請書時，她可不記得兩人有討論過這件事。卑鄙小人，如果那時丈夫如此表態的話，至少還可以讓她考慮一下！想到這裡，又忍不住動了殺夫的念頭。

第三章考慮將丈夫的骨灰棄置於山手線的葉子女士，屬於妻隨夫姓乃理所當然的世代，但她以丈夫名義貸款購入自身的墓碑時，卻堅決不以丈夫的姓氏刻成「花村家之墓」。雖然因為結婚而改成夫姓，但一想到人都死了還得跟他姓就覺得無法接受。

她還補充道：「如果我生於現在這個時代的話，可能就不會隨夫姓吧。如果有辦法改的話，我想改回原本的姓氏。」

夫婦同姓制度會永遠維持下去？

目前，在日本提出結婚登記申請書結為連理時，必須遵守民法第750條的規定「夫妻於結婚之際，須以夫或妻之姓氏稱呼」。像這樣，透過法律強制規定夫妻必須跟著某一方姓的做法，在先進國家中僅剩日本而已。聯合國的消除對婦女歧視委員會對於遲遲不肯變更此項規定的日本，再三發出修法的勸告。

回溯日本姓氏的歷史，在德川時代，一般農民與市井小民是不被允許使用「姓氏」的。直到明治3年（1870年）的太政官布告才准許平民百姓使用姓氏，明治8年的太政官布告則將姓氏的使用列為義務。

明治9年居然曾實施夫婦不同姓的制度，規定妻子以「所生之氏」稱呼，也就是使用娘家的姓氏稱之。來到明治31年，民法（舊法）成立，遂改為夫婦同姓制。那是個女性尚被認為無需接受教育的時代。這項原則在日後仍不斷被沿用，昭和22年（1947年），於戰後所推出的修正民法亦規定夫婦須同姓（摘錄自日本法務省官網）。

從歷史長河的角度來看，「夫婦同姓」的歷史才短短118年，難道會就這樣永遠維持下去嗎？查閱2013年度的日本升學情況會發現，如今進入高中就讀的升學率，無論男女皆為96％左右，在大學（大專院校）升學率方面，男子為54．0％，女子為45．6％，若再加上短期大學的話，女子升學率則達到55．2％，與男子不相上下。

尤有甚者，2013年的大學畢業生就業率，女性為73．4％大幅超越男性的62．3％。在這樣的背景下，難怪會有愈來愈多女性對於提出結婚登記申請書時，從夫姓的比例超過9成這件事，感到不合理。

關於選擇性夫妻別姓的議題，長年以來引發正反兩方不同的看法。日本政府對於這項問題從未認真進行討論，２０１１年2月，一般民眾偕同律師團，針對民法的夫婦同姓規定，提起違反憲法以及廢除女性歧視條約的訴訟。

原告指出，欲保障夫妻各自維持原本姓氏的權利以及婚姻的自由，必須針對民法７５０條進行修正，成立讓人民可以自由選擇夫妻不同姓的制度。然而，政府卻以「破壞家族情感」這種不具正當性的理由，長期以來怠於處理此問題，實屬立法機關的不作為。對照憲法所規定之，所有國民具有身為個人應受尊重以及追求幸福的權利（第13條）、婚姻基於兩性的合意而成立，夫妻享有同等權利（第24條）等理念，並根據聯合國委員會廢除女性歧視條約所發出的勸告，請求國家賠償。

這場官司首先由東京地方法院駁回原告的請求。但要求夫妻別姓的運動更加如火如荼地展開，遂在２０１５年11月4日於最高法院大法庭進行口頭辯論。這是最高法院首度針對民法第７５０條「不承認夫婦別姓」，以及第７３３條「女性再婚禁止期間（２０１６年時為6個月）」的規定做出憲法判斷，因而引發民眾高度關注。然而，最高法院在12月16日所宣佈的判決結果為，認同應修正再婚期間的主張，但關於夫婦別姓制度，15名法官中只有5名判定違憲，並做出民法規定夫妻同姓並不違憲的結論。

身為夫妻別姓訴訟事務局長的打越咲良律師如此表示：

「姓氏與名字是一體的，就像我是以『打越咲良』這個名號，建立起人際關係與工作上的各種往來一樣。在日本大多以姓氏來稱呼他人，所以「姓氏」具有更強烈的自我認同感。但這項稱呼卻因為結婚而被迫改變，對於不樂見此種情況的人而言，可能會對自我存在這件事感到動搖，甚至造成自我否定。婚後有9成以上的女性從夫姓，正是扭曲的父權社會的體現。若不導正這種男女之間的不平等，女性歧視就沒有消失的一天，女性永遠只能處於從屬地位。」

根據朝日新聞社於2015年11月所進行的全國民意調查（電話訪問），「贊成」修法讓夫婦能自由選擇同姓或別姓的選擇性夫妻別姓的比率為52％，大幅領先「反對」的34％。以年齡層來看，20～50世代約有6成表示贊成，60世代的贊成率為47％，70歲以上則是34％，愈是年邁的世代，贊成的比率就愈低。每日新聞社於同年12月所進行的同一調查結果亦顯示，贊成選擇性夫妻別姓者為51％，高於反對的36％。在贊成者中有23％回答，會選擇夫妻各自維持原本姓氏的做法。附帶一提，產經新聞社與富士新聞網於同年12月所進行的聯合民意調查亦得到同樣的結果，贊成為51．4％過半數，高於反對的42．3％。

民眾的觀念已有如此巨大的轉變，無奈日本法律就是不允許夫妻選擇不同姓，因此婚後跟哪一方姓，實際上還是得遵循社會慣習或委由個人價值觀來判斷，繼而造成夫妻間的心結也是不爭的事實。

避免淪落到「被妻子詛咒去死」的唯一方法

如同前面幾章所述的內容般，妻子期盼丈夫死掉的背後，其實存在著重大的社會問題。許多夫妻正面臨著必須克服這道難關的局面，那麼，丈夫能做些什麼來稍微扭轉一下劣勢呢？

總部設於福岡市的日本全國亭主關白（大男人主義）協會所採取的主張，似乎能提供極為受用的建議。

光聽此名稱，或許會讓拿起本書閱讀並覺得感同身受的人妻與女性們，有那麼一瞬間產生「沒搞錯吧?!」的感受。此協會成立於1999年，據他們所述，「關白」的地位僅次於天皇，在家裡，太座即為天皇，從旁輔佐太太就是「關白」的職責所在。「亭主」是代表泡茶的人，也就是負責招呼、款待之人。真正的亭主關白是扮演寵妻與輔佐的角色，並根據此定義來為協會命名。該協會的專欄文章亦諄諄開示，「亭主」是修行僧，但再怎麼修行都贏不了太太。因為愛妻已臻神之領域的緣故。

談到世間妻子盼望丈夫死亡的心境時，該協會的天野周一會長斬釘截鐵地表示「風險最高的是屆齡退休後的『亭主』。畢竟妻子一路忍到現在，難保不會發展成熟年離婚。經年累月堆積下來的怨懟可沒那麼容易化解，即便丈夫急忙想採取什麼補救措施也是枉然。」

據天野會長所述，先從每天遵守以下「三原則」來導正自身言行做起即為鐵則。一起來看一下三原則為何。

「愛的三原則」

毫不遲疑地說**謝謝**

毫無畏懼地說**對不起**

毫不害臊地說**我愛妳**

「非勝三原則」

不取勝

不能勝
不想勝
不與妻子爭執才是真正的勇者、真正的勝者。

「總之，從現在開始不要再找什麼藉口，好好實踐才是最重要的。丈夫不改變的話，絕對無法挽回妻子的心。在家裡，唯太太是從就對了。反脣相譏也只是無謂的抵抗罷了。」天野會長如此強調。

據悉，只要實踐此三原則，就能阻止每況愈下的夫妻關係繼續惡化。當丈夫變得會主動說「謝謝」時，夫妻關係就會好轉，逐漸回溫。

最重要的是，要有所自覺，積極改變自身的言行，尤其是屆齡退休後，至少也該做到午飯自行張羅的程度。午餐是太太的黃金時段，若連這點時間都被丈夫剝奪的話，也難怪會產生殺夫的念頭。這是該協會2萬5000名會員親身實踐後的心得見證與體悟。若想保住老命的話，最好乖乖照做，否則可能真會惹來殺身之禍。

有位會員親身經歷的情況如實驗證了上述的論點。這名會員的妻子每天都會站在玄關目送他出門。他每天固定的上班路線為直走到巷子底，在轉角處右轉前往公司。那天他在往右轉前佯裝昏倒，但妻子只是遠遠地觀看並未衝來救他。妻子應該是認為如果立刻趕到，可能會讓丈夫撿回一命吧——。

天野會長根據自身的實際觀察認為，就廣義而言，約有5成的妻子盼望丈夫死亡。他並分析，其中有2成眼巴巴地盼著丈夫「快點死一死吧！」據聞抱持著這種想法的妻子，會鉅細靡遺地確認壽險保單條款，比看任何書都還要認真。即便事態沒有嚴重到攸關生死的地步，但根據天野會長的獨家統計，「為人夫者最好要有自覺，丈夫令妻子感到厭惡的程度，實際上是丈夫所預想的5倍。」

那麼，會令妻子感到厭惡、被詛咒去死的丈夫具有那些特徵呢？全國亭主關白協會針對丈夫的道行設定了各種段位，值得借鏡參考一番。據天野會長所述，只要能循序漸進地在這個「平成 新！亭主關白道」（下頁圖）晉級，應可預期不至於「惹上殺身之禍」。

天野會長根據世間夫妻的實際相處情況表示，「有時間關心內閣支持率，倒不如先提升自己在家中的存活率比較重要。讓太太變成悍妻、起殺心的原因都出在丈夫身上」。他

平成 新！亭主關白道段位評定標準

初段	經過3年以上「仍愛著妻子」之人
二段	家事做得很好之人
三段	未曾外遇之人、沒被抓包之人
四段	奉行女士優先之人
五段	願意與愛妻牽手散步之人
六段	能認真聆聽愛妻所言之人
七段	能在一夕之間解決婆媳問題之人
八段	能毫不遲疑地說「謝謝」之人
九段	能毫無畏懼地說「對不起」之人
十段	能毫不害臊地說「我愛妳」之人

摘自全國亭主關白協會官網

接著指出「妻子在家庭裡會不斷進化，但丈夫卻是原地踏步，往往以社會上那套標準來看待家中事物，展現出高高在上的態度。要知道，在家中的地位排名，其實是妻子居首位，其次為孩子，第3名為寵物。只要丈夫察覺自己墊底，位居第4，就會懂得放低姿態。」

讀到這裡，不禁令人想提出一個大哉問：「婚姻究竟為何物呢？」著實令人感到納悶不解。

天野會長表示「婚姻就是神的惡作劇，把兩個不對盤的人湊在一起。婚姻的意義就是促使當事人思考生而為人的道理，以及認識自我。婚姻之路可大致分成2類，一種是令人向下沉淪，另一種則是令人更加成熟有包容力。」

關於前述的夫妻別姓問題，天野會長先聲明，針對同姓或不同姓的是與非，他不會斷定孰好孰壞，但他分享道：

「最顯而易見的錯誤就是，丈夫將婚後從夫姓的妻子當作是『自己的所有物』。有些人的潛意識裡存在著這種觀念，所以交往的時候感情融洽，同姓之後彼此交惡。夫妻同姓的副作用之一，就是令丈夫誤以為妻子是自身的所有物。」

天野會長接著表示「婚戒是世上最小的手銬。早點明白夫妻其實就是不相干的外人，才會把對方的意見好好聽進去。只有領悟婚姻真諦的人才能變幸福。聰慧的太太們，如果覺得這可以套用在自己的身上，就會曉得說聲『謝謝』。夫妻是人類社會的最小單位，若這部分亂七八糟，無論是地域還是國家都不會長治久安。」

「幸福」的基礎在於夫妻的感情，若社會問題也對夫妻關係造成影響的話，就應該著手解決。而促使男性自我反省、磨練心志，成為胸襟寬大之人，據悉乃全國亭主關白協會的目標。

後記

夫妻、婚姻，究竟為何物呢——？

筆者思索再三，依舊遲遲找不到答案。夫妻以及男女之間的問題，終究是古今中外永遠探討不完的主題吧。

曾經山盟海誓而共結連理，為何日後卻深惡痛絕到「希望對方死一死」呢？

以日本的情況來說，妻子之所以盼望丈夫離世，原因或許可歸咎於，整體社會對於家事與育兒的性別角色觀念根深蒂固而且持續奉行不悖所致，由此衍生出的男女僱用不平等現象更造成了無比深遠的影響。夫妻別姓問題也是源自同一個病灶。

從性別（社會性別）平等角度來看，本書頻繁出現筆者平常盡量避免使用的詞彙，或許會令有些讀者感到訝異。這當然是因為如實還原採訪對象所說的話才會如此，但同時也想藉此證明一件事：性別角色觀念時至今日依然在日常生活中令受訪者們深受其苦。

比方說，1975年生的筆者這一輩人，父母親屬於戰後嬰兒潮世代，當時的女性結婚後，就算不願意也得「主動離職」並隨夫姓，而且這被視為天經地義、理所當然，導致日後不得不過著仰賴另一半經濟能力的生活。即便自願成為全職主婦，當個賢內助操持家務與育兒，卻往往不被重視，付出的努力無法獲得評價，令許多太太感到煩惱。畢竟那是個大眾對離婚仍持有偏見的時代。

女性一旦辭去工作出現空窗期，要再度就業便相當困難。若有小孩的話，教育費的開銷也是一筆不小的負擔。根據日本文部科學省統計，從幼兒園到大學就算全都讀國公立也大概要花769萬日圓；國中小讀公立，其他讀私立時大約需要1280萬日圓，若全都讀私立的話，費用約莫為2205萬日圓。在這樣的背景下，導致女性沒有自信能靠著一己之力拉拔孩子長大，而無法下定決心離婚，接著就是無止境的忍耐。相較於嬰兒潮世代的年輕時期，現代人對於離婚的排斥感已大幅淡化，但因為經濟問題而無法離婚的情況，在經過30～40年後的現在依然沒有太大的改變。

男女僱用機會均等法從正式施行到現在雖然已經過30年，約有6成的職業婦女在生下第一胎後成為無業狀態的這種趨勢依然毫無改變。如今每4位孕婦中就有1人遭到懷孕歧視。從前的「結婚離職」不過是換個包裝變成「懷孕解僱」或「育嬰假解僱」罷了。換湯不換藥，有孩子的女性依舊被迫退出勞動市場。若為非正職人員，資方只要不更新契約，便很容易達到合法解僱的目的。初職（第一份工作）為非正職人員的女性約有5成之多，女性的非正職人員比例占了整體的6成，這種異常數值不但創新高，也讓女性的就業情況更形惡化。

即便身為正職員工，在以長時間工作為前提的職場環境之下，根本無法兼顧工作與育兒，令女人不得不放棄而選擇離職這條路。就算有辦法在育兒的同時持續就業，但帶孩子和家事的責任仍是集中在女人身上。所以女人的身心只會愈來愈疲憊。請育嬰假、轉換成育兒減少工時的方式早點下班去接孩子、當孩子突然生病時調整工作安排，這些事大多是女性在承擔。結果導致女性在職場的評價低落，往往被譏諷「所以就說女人不中用嘛」。基於不勞就無獲（no work, no pay）的原則，任時光荏苒，女性的薪資依舊沒有起色。放眼全世界亦會發現，有孩子的男性與女性呈現出極大的薪資差距。

經濟合作暨發展組織（OECD）將這種因生產所衍生的薪資差距稱之為「母職懲罰（motherhood penalty）」。根據2010年OECD在16個加盟國所取得的資料，擁有全職工作處於懷孕、生產適齡期（25～44歲）的女性之間，育有未滿16歲孩子的女性與男性的薪資差距，大於沒有孩子的女性。OECD整體所顯示的差距為14％，但日本的差距最大，有孩子時的差距甚至高達61％。當女性帶著孩子成為單親媽媽，就會立時面臨經濟困境。

即便女性從事能讓自己獲得成就感的工作，也會因為工作環境嚴苛而乾脆求去。公立學校的教師每5人就有1人單月加班超過100小時（2012年，全日本教職員工會）。有8成的護理師表示因為必須輪夜班與人手不足的緣故而考慮離職（日本醫療勞動公會聯合會）。教保員因為幼兒園的民營（私有）化而被迫接受低薪與長時間工作。2013年的教保員離職率在公立機構為7．1％，私立則是12％。在私立機構的工作年資未滿2年者達17．9％（厚生勞動省）。在安養設施服務的照護人員離職率亦高達17．7％（照護勞動安定中心）。

長年以來以女性為主體而且表現活躍的專門職業，是女性們出自「想從事這份工作」的意志而努力學習，通過考試所得來的，因此離職所代表的意義比辭去一般企業的工作還重大。

即便女性想要追求經濟獨立，卻總是腹背受敵——。

所以，已婚者考慮離婚時，相較於毅然離婚，好好把握「利多制度」反而划算，因此腦中才會閃過遺屬年金的念頭。礙於正文篇幅有限未多加以著墨，其實警察與消防員等因公殉職的撫恤金相當豐厚，到處都會聽到有人表示「朋友說『希望丈夫能殉職』」。警察與消防員在執行公務的過程中殉職時，會分別發給家屬最高6000萬日圓與3000萬日圓的「撫恤金」，提供適足的保障。這兩種職業在聯誼派對中的人氣亦相當旺，實際上甚至還會舉辦限定男性「警察、消防員」參加的派對。

只不過，與其追求這種以丈夫死亡為前提的夫妻關係，建構彼此對等的關係才是比較正面健康積極的。現今日本的勞動環境最需要的是，不分男女性別、正職與非正職，落實同工同酬的制度，讓單親家長有辦法達到足以獨立撫養孩子的年薪400萬日圓水準。再者，在核心家庭成為主流的現在，若育兒制度依然脆弱不完善的話，夫妻的感情終究會受到影響。

筆者在撰寫本書原稿的期間，某位媽媽因不滿2016年4月托兒所的報名審核結果，而在匿名部落格寫道「沒申請到托兒所，日本去死！！！」並引爆社會熱議，甚至還成為國會質詢的議題。

隱藏在待機兒童（未申請到托育機構的兒童）背後的真實問題是，女性所面臨的就業情況。托育機構是為了雙薪家庭所提供的設施，但為了托育之事奔走的多半是「母親」。正值醫學上所謂的黃金生育期的25～34歲女性，非正職人員的比例相當高，約為4成。欲得知實際請育嬰假的人數，就必需查看首度請領育兒留職停薪津貼的人數。2014年度請領該津貼的人數包含正職員工在內為27萬4935人，其中約聘人員（非正職員工）為9231人，不到1萬人。非正職人員請育嬰假的比率僅占整體的3％左右，就是日本的現狀，很多女性無法享有育嬰假的保障，所以0歲的托育需求才會日漸增加。然而，相對於出生人數，申請到認證托育機構的1～2歲幼兒比例約為4成，0歲約為1成。負責處理待機兒童問題的地方自治單位，大多異口同聲地表示「在孩子0歲的階段，我們希望家長能利用育嬰假制度照顧寶寶，所以會增加1～2歲的名額，但0歲則不予調整」，其實，0歲的托育成本高所以不想碰這一塊才是真正的原因吧。

而且，立基於勞工保險的育嬰假制度，原本就無法供自營業者申請。因此，0歲托育的需求更是有增無減。就業結構基本調查（2012年）顯示，20～49歲的女性中有46萬2500人為自營業，幫忙家業者為22萬5100人。也就是說大約70萬人被排除在育嬰假制度之外。行政機關認為從事自營業的時間比較自由，但實際上除了自己以外往往沒有其他人手可以替代，所以不乏托育需求比受薪族家庭還要高的情形。勞方的實際需求與托育政策不一致，導致0歲托育服務稀少，女性工作機會遭到剝奪的情況層出不窮。而這股怒氣的矛頭最終會指向丈夫。

產前與產後休假是賦予所有勞工的權利，同理，育嬰假也不該有正職與非正職之分。現在，非正職員工也能在一定的條件下取得育嬰假，但從反面角度來看，這等於在法律制度下默許僱用型態造成不平等的嬰兒期育兒權利。而且，男性的育嬰假申請率極低這件事意味著，大環境剝奪了男性的育兒機會，亦奪走了孩子受父親照顧的權利。若不從根本上徹底進行改革，企業與社會風氣將不會有任何轉變。

現代男性的觀念真的已經有大幅的改變。想與妻子開心共度寶貴時光、想與妻子一起分擔家務與育兒的男性日漸增加。就是因為職場環境令男性能參與家事與育兒的時間變少，才會導致妻子的不滿愈積愈深，繼而「盼丈夫去死」，全家從此過著不幸福快樂的日子。要避免世間妻子心生怨恨、促進夫妻維持良好穩健的關係，首要之務就是改變職場文化，打造對男女都友善的職場環境。

回到最初的問題。

古人云「男女之間的距離若遠實近」，話雖如此，夫妻究竟是何種關係呢？莫非是超乎凡夫俗子的意志，由「出雲之神牽線作主」的緣分？在第三章登場的美髮師葉子女士令人留下深刻的印象。儘管開口閉口都在咒丈夫去死，卻也說「要丈夫工作到死為止，或許是希望丈夫到死都能跟我在一起也說不定」。總覺得這句話似乎隱含著某種關鍵線索。

在此要感謝朝日新書編輯部的星野新一先生，將這些乍見之下會被當成支線故事處理，而遭到埋沒之人妻們的私憤，當成公憤看待並出版成冊。今後我也會持續尋找這個問題的答案。

2016年3月

小林美希

小林美希 Kobayashi Miki

1975年生於茨城縣。畢業於水戶第一高校、神戶大學法學院。曾任株式新聞社、每日新聞社《週刊經濟學人》編輯部記者，後成為自由記者，以青年世代的工作、結婚、生產、育兒與持續就業等問題為中心，進行取材與撰稿。2013年獲頒貧困議題報導獎。著作有《紀實報導 令人不敢生育的社會》（暫譯，河出書房新社）、《紀實報導 幼教崩毀》（暫譯，岩波新書）等。

老公怎麼還不去死

家事育兒全放棄還要人服侍?! 來自絕望妻子們的深層怒吼

2023年 1 月1日初版第一刷發行
2024年11月1日初版第九刷發行

作　　者　小林美希
譯　　者　陳姵君
編　　輯　曾羽辰
美術設計　黃瀞瑢
發 行 人　若森稔雄
發 行 所　台灣東販股份有限公司
　　　　　＜地址＞台北市南京東路4段130號2F-1
　　　　　＜電話＞(02)2577-8878
　　　　　＜傳真＞(02)2577-8896
　　　　　＜網址＞https://www.tohan.com.tw
郵撥帳號　1405049-4
法律顧問　蕭雄淋律師
總 經 銷　聯合發行股份有限公司
　　　　　＜電話＞(02)2917-8022

國家圖書館出版品預行編目（CIP）資料

老公怎麼還不去死：家事育兒全放棄還要人服侍?! 來自絕望妻子們的深層怒吼 / 小林美希著；陳姵君譯. -- 初版. -- 臺北市：臺灣東販股份有限公司, 2023.01
244 面；14.7×21 公分
ISBN 978-626-329-656-5（平裝）

1.CST: 夫妻 2.CST: 家庭關係

544.143　　　111019825